KB265768

한국의 구글,
핸드스튜디오 안준희 대표가 말하다

청·춘·다·움

안준희 지음

CONTENTS

세상을 바꾸는 가장 커다란 힘,
청춘다움을 말하다

지난 6월 여의도에서 한국 최초로 굿컴퍼니(선한 회사)의 필요성을 주제로 한 대규모 컨퍼런스가 열렸습니다. 한 언론사 주관으로 개최된 이 행사는 현 정치권의 양당 대표는 물론 정재계의 유명 인사들까지 참석한 매우 큰 행사였습니다. 올해 들어 소위 '슈퍼갑'이라고 일컬어지던 대기업들의 횡포가 대중에게 알려지기 시작하면서 돈 잘 버는 기업보다는 올바른 방법으로 경제활동을 영위하는 '선한 회사'에 대한 사회적 관심이 높아져 있는 탓인지, 당일 행사에는 한국 사회를 이끌어가는 각계각층의 리더들이 자발적으로 참여해 성황을 이루었습니다.

이날 행사에는 굿컴퍼니에 관한 학술 강의는 물론, 사례 발표 시간도 있었는데, 여기에 국내에서는 두 개의 기업이 선정되었습니다. 그중 하나는 대한민국 국민이라면 누구나 아는 대기업 포스코였고, 나머지 하나가 제가 몸담고 있는 작은 벤처회사 '핸드스튜디오'였습니다.

선정된 두 기업이 워낙 대조적이어선지 참석자들은 대기업과 벤처기업 간의 장외대결이라며 또다른 측면에서도 관심을 가지는 것 같았습니다. 실제로 몇몇 분들은 이 '대결의 승자'가 누가 될 것인지를 미리 예측하여 자신의 SNS에 올리기도 했습니다. 하지만 대부분의 청중은 핸드스튜디오가 사례 기업으로 선정된 것을 두고, '듣도 보도 못한 저 회사는 뭐야. 요즘 중소기업 진흥한다더니 주최 측에서 구색 맞추기로 끼워넣었나보네'라는 반응이었습니다. 쟁쟁한 저명인사들 사이에 앉아 있는 삼십대 초반, 청바지 차림의 저를 보고 수군대는 것이 느껴졌거든요.

청중의 우려와 달리, 순서를 기다리는 저는 떨리지도 위축되지도 않았습니다. 제 발표를 듣고 사람들이 어떤 반응을 보일지는 제 관심사가 아니었거든요. 평균연령 28세로 이루어진 젊은 기업 핸드스튜디오가 이런 대기업들 사이에 초대되었다는 것만으로도 저는 너무 감격스럽고 자랑스러웠습니다.

청중의 뜨거운 관심 속에서 시작된 사례 발표는 모두의 예상처럼 극명한 내용과 스타일을 보여주며 끝이 났습니다. 연매출 60조가 넘는 포스코는 사회공헌을 위해 수십 년 동안 시행해온 제도들을 중심으로 소개했습니다. 반면 매출액으로는 포스코의 2만 분의 1밖에 되지 않는 핸드스튜디오는 기업의 본질에 대한 재정의와 이를 위해 핸드스튜디오 식구들이 살아가는 이야기를 주로 전달했습니다.

연달아 이어진 두 기업의 사례 발표를 들은 청중의 반응은 어땠을까요? 사례 발표 후 곧바로 휴식 시간이 주어졌는데, 사회자의 휴식을 알리는 멘트가 나오자마자, 참석자들 중 많은 분들이 제가 앉아 있는 테이블로 걸어오기 시작했습니다. 처음엔 한두 분 모여들기 시작하더니 이내 제 테이블을 기준으로 행사장을 가로지르는 줄이 생기는 기이한 풍경이 연출되었습니다. 방금 전까지 저를 측은하게 바라보셨던 분들도 발표 후에는 촉촉해진 눈빛으로 제게 찾아와 먼저 인사를 건네며 저에게 명함을 달라고 요청하셨습니다.

누군가는 핸드스튜디오의 소개를 들으면서 눈물을 흘렸다고 했고, 누군가는 오늘 세상에서 가장 멋진 기업을 만났다며 연신 감사의 인사를 건넸습니다. 어떤 회사의 대표님은 자신의 회사를 꼭 방문해달라고 청했고, 또 어떤 교수님들은 자신의 제자들에게 핸드스튜디오 이야기를 전해달라고 부탁하셨습니다. 휴식 시간이 끝나고 다시 오후 세션이 이어졌는데, 그 후에 올라오신 모든 강사님들이 다시 한 번 핸드스튜디오에게 받은 감동을 언급해주시고, 거듭 핸드스튜디오를 재인용해주시는 덕에 마치 이후의 모든 순서는 핸드스튜디오에서 준비한 시간처럼 느껴질 정도였습니다.

이날 소개된 핸드스튜디오 조직문화가 기성세대에게는 매우 큰 충격으로 작용한 것 같았습니다. 행사 후 각종 언론에서 핸드스튜디오에 관해 앞다투어 기사화했고, 몇몇 매체에서는 핸드스튜디오를 특집으로 다루어 소개하기도 했습니다. 이날 행사가 끝난 후, 며칠 동안 저는 당일 참석하셨던 기업 대표님들과 정치인들로부터 수많은 격려 메일을 받았습니다.

제가 아무도 가지 않은 길을 걸어오면서 가장 힘들었던 것은 '너희는 비주류야' 하는 식의 편견 어린 시선이었습니다. 핸드스튜디오가 이루려고 하는 기업의 모습에 모두들 동의한다고 이야기했지만, 그 동의의 수준이라는 것이 '그래 좋긴 하지, 하지만 일반적이지는 않잖아' 혹은 '너희는 젊고 규모가 작으니까 가능해' 하는 정도였습니다.

특히 이미 한국 산업을 이끌고 있는 기업의 리더들은 자신들의 기존 경험에 빗대어 저희의 신념이 지속될 수 없다고 경고하기도 했습니다. '어떤 젊은 집단의 흥미로운 도전' 정도로만 치부하는 사람들의 보수적인 반응, 이것이야말로 참된 기업을 통해 세상을 바꾸고자 하는 저에게는 가장 극복하기 어려운 숙제였지요.

기성세대의 회의懷疑가 저와 저를 믿고 따라주는 구성원들의 가슴에 스며들지 않도록 많이 노력했습니다. 우리는 믿었습니다. 비록 어리지만 마음에 품은 가치는 절대 어리지 않으며, 미숙하지만 지켜가는 신념은 탁월하다고요. 그리고 간절히 꿈꿨습니다. 머지않은 미래에, 기성세대가 우리의 기업 가치와 철학을 인정하고 스스로 반성하는 시간이 오기를.

그리고 2013년 6월, 드디어 기다리던 시간이 찾아온 것입니다. 한국 사회를 이끌어가는 우리의 리더들이 작디작은 일개 벤처기업에 주목하고 진심으로 박수를 보내기 시작한 것입니다. 지난 3년간 포기하지 않고 걸어온 청춘의 신념과 열정이 드디어 현실이 되었습니다.

그런데 도대체 기성세대를 감동시키고, 스스로를 돌아보게 만든 핸드스튜디오가 어떤 회사냐고요? 그럼, 지금부터 제가 회사 자랑 좀 해도 될까요?

핸드스튜디오에서는 휴가나 월차를 쓰지 않더라도 직원들은 언제든지 개인 업무를 볼 수 있습니다. 한 달에 하루는 모든 일을 제쳐두고 전 직원이 함께 외출을 합니다. 영화를 보기도 하고, 한강에서 자전거를 타기도 합니다. 직장인에게 가장 피로도가 심하다는 목요일 오후 2시가 되면 모든 구성원들은 온라인 게임을 함께합니다. 1등을 한 팀에게는 매주 상품을 지급하지요. 점심, 저녁식사는 물론 직원들이 마시는 커피까지 무상으로 제공합니다. 그뿐인가요. 회사에는 항상 편의점 못지않게 다양한 간식과 식료품들이 비치되어 있습니다.

혼기가 찬 젊은 직원들을 위해 회사는 직원이 결혼하면 1000만 원의 결혼축하금을 선물합니다. 얼마 전에는 이미 결혼한 직원들과의 형평을 위해 자녀를 낳기만 해도 1000만 원을 지급하는 '출산장려금 제도'를 신설했습니다.

그게 다냐고요? 아니요. 제가 진짜 자랑하고 싶은 건 지금부터입니다. 핸드스튜디오의 정직원이 되면, 형편이 어려운 국내 아동 한 명을 후원하겠다는 약속을 해야 합니다. 회사는 직원을 대신해 물질적으로 그 아동을 후원하게 되고, 해당 직원은 마음으로 아동을 돌보게 되죠. 회사는 매년 찾아오는 어린이날과 크리스마스가 가장 바쁜 날 중 하루입니다. 전 직원이 모여 후원 아동들에게 보낼 선물을 고르고 편지를 써야 하기에, 이날은 아예 문구점으로 출근을 하기도 합니다. 물론 이렇게 드는 모든 비용은 회사가 지급합니다.

송년회는 핸드스튜디오의 가장 유명한 제도 중 하나입니다. 우리는 매년 송년회를 맞아 전국 팔도, 심지어는 중국과 일본에까지 나가 있는 모든 부모님께 비행기 표를 끊어드리고, 서울의 가장 좋은 호텔로 모십니다. 그리고 부모님들과 함께 1박 2일 동안 공식적으로 효도하는 시간을 가집니다. 직원들은 자신의 부모님에게 자신이 하는 일을 차근차근 설명해드리고, 지난 한 해 동안 우리가 얼마나 열심히 살았는지, 그리고 그것이 어떠한 성과를 거뒀는지 설명해드립니다.

모든 직원들은 학력이나 경력으로 차별받거나 평가되지 않습니다. 신입이든 오래된 멤버든 오로지 실력과 노력만으로 정당하게 평가되며 누구나 공평한 기회를 갖습니다. 회사는 1년에 2번 전 직원이 모두 수긍하는 평가를 실시하고, 기업의 수익을 전 구성원들과 분배합니다.

핸드스튜디오의 꿈은 '각 구성원들의 꿈을 실현하는 무대가 되겠다'는 것입니다. 이를 위해 회사는 신규 비즈니스 모델 개발의 첫 기준으로 구성원들이 '하고 싶은 일'을 삼고 있습니다. 얼마 전 새로 설립한, 핸드스튜디오의 자회사인 영상제작 기업 ㈜코뉴도 그렇게 탄생했습니다.

전 직원들은 1년에 20일의 유급휴가를 제외하고도, 한 달에 하루를 자신의 미래를 위해 보낼 수 있습니다. 그날은 업무 대신 영어공부를 할 수도 그림을 배울 수도 있으며, 봉사를 갈 수도 있습니다. 악기를 배울 수도 있고 책을 읽을 수도 있죠. 이 모두를 휴가를 쓰지 않고 업무 시간에 할 수 있습니다. 30년 후에도 가슴 뛰는 자신을 위해 '오늘의 하루를 투자하자'는 모토로 시작한 이 제도의 이름은 'After 30 Years!'입니다.

일에 있어서도 우리는 늘 클라이언트들부터 '탁월하다'고 평가받으며, 사람들로 하여금 '나도 핸드에서 일하고 싶다'는 찬사를 받습니다. 우리는 동료를 신뢰합니다. 우리는 절대 서로를 험담하지 않으며, 함부로 평가하지도 않습니다. 우리는 부정을 저지르지 않고도 시장에서 이길 수 있다고 믿습니다.

오늘 행복하지 않으면서, 오늘 분배하지 않으면서, 오늘 탁월하지 않으면서 내일 하겠다는 것은 거짓이라고 믿습니다. 그래서 우리는 옳다고 믿는 신념을 늘 지금, 그리고 바로 그 자리에서 실행합니다.

어떤가요? 제가 핸드스튜디오에 대해 소개하면 대부분의 사람들은 '이런 회사가 한국에 있다고?' 하며 깜짝 놀랍니다. 그런 회사라면 일해보고 싶다며 입사 의욕을 보이시는 분들도 있습니다. 하지만 저는 핸드스튜디오의 특별한 복지와 문화보다는, 핸드스튜디오를 이끌어가는 젊은이들의 '청춘다움'에 주목해달라고 부탁하고 싶습니다. 핸드스튜디오는 그야말로 '청춘다움'이 아니었다면 탄생할 수 없었던 회사이기 때문입니다.

작년 겨울, 저는 〈청춘 여러분, 아직도 위로가 필요하십니까〉라는 주제로 여러 명 앞에서 강의를 한 적이 있습니다. 특별할 것 없는 제 이야기가 많은 청춘들에게 도전과 자극이 되었던 것은 아마도 우리 청춘들이 그동안 '청춘다움'을 오해하고 있었기 때문이라고 생각합니다. 청춘을 그저 취업난에 시달리는 삼포세대, 88만원세대 정도로 여기고, 기성세대가 위로하고 다독여야 할 힘없는 젊은이들로 보았기 때문은 아니었을까요?

제가 지금부터 할 이야기는 저와 핸드스튜디오의 성공 스토리가 아닙니다. 저도 핸드스튜디오도 아직 '성공'이라는 단어를 붙이기엔 부족한 면이 많이 있습니다. 제가 할 이야기는 제가 생각하는 '청춘다움'을 저만의 방식으로 실천해온 지난 몇 년 동안의 이야기이며, 많은 청춘들이 잊고 살아온 진짜 '청춘다움'에 대한 이야기입니다.

그동안 핸드스튜디오가 박수를 받았던 건, 그 안에 진심으로 오늘을 즐기며 일하는 청춘들의 노력이 있었기 때문입니다. 누가 시켜서 하는 일, 억지로 하는 일, 대가를 바라고 하는 일이 아니라, 정말 스스로 즐길 수 있는 일, 마음속 깊이 사랑하는 일을 하는 청춘들이 이뤄낸 청춘다움의 결과물들에 대해 이야기하려고 합니다.

다시 한 번 이야기하지만, 저는 특별한 사람이 아닙니다.

그렇기에 여러분에게도 똑같은 아니, 더 큰 가능성이 있습니다.

세상을 바꾸는 가장 커다란 힘, 청춘다움을 잊지 마세요.

위로와 격려만으로 살아가기엔 청춘의 오늘은 참 아까운 하루입니다.

2013년 9월

안준희

CHAPTER 1

청춘에게
있어야 하는
다섯 가지

지금
청춘에게
필요한 건
위로가
아니다

청춘 여러분,
아직도
위로가 필요한가요?

88만원세대, 삼포세대 등 오늘을 살아가는 젊은이들의 어두운 현실을 담은 새로운 정의가 참 많이도 생겼습니다. 그래서 일까요? 서점에 나가보면, 청춘을 위로하는 메시지로 가득 찬 책들이 많이 있습니다.

하지만 저는 청춘들이 기성세대의 막연한 위로나 격려에 의지하며 나약하게 살아가지 않기를 바랍니다. 과거의 청춘들을 떠올려보십시오. 청춘이 청춘다울 수 있는 것은 시대의 패러다임을 넘어서 새로운 세상을 꿈꾸고, 그 새로운 세상을 이루어 내기 위해 기꺼이 목숨과 신념을 바칠 수 있었기 때문입니다.

그런데 오늘날의 청춘은 어떠한가요? 전쟁에 패한 패잔병이 목이 말라 하늘에서 떨어지는 빗방울을 향해 입을 벌리고 그 오늘날의 청춘, 어떠한가요?

기성세대가 전하는 위로의 메시지에 기대어
'아 그래, 저분도 젊었을 때는
나처럼 힘들게 방황하며 살았대.
그런데도 지금은 저렇게 성공했잖아.
그러니깐 나도 괜찮은 거야' 하고
부끄러운 하루를 속죄받으며 살아가고
있진 않나요.

한 방울을 겨우 머금으며 목숨을 연명하는 것처럼, 기성세대나 성공한 사람들이 전하는 위로나 격려의 메시지에 기대어 '아 그래, 저분들도 젊었을 때는 나처럼 힘들게 방황하며 살았대. 그런데도 지금은 저렇게 성공했잖아. 그러니깐 나도 괜찮은 거야' 하고 부끄러운 하루하루를 속죄받으며 살아가고 있습니다.

청춘은 사회의 새로운 원동력과 활력소가 되어야 합니다. 기성세대에게 위로를 받는 존재가 아니라 기성세대에 도전하는 존재가 되어야 합니다. 이미 청춘의 시절을 다 보낸 기성세대가 전하는, 자신의 젊은 날에 대한 향수 어린 애착과 자기연민 혹은 회한의 감정이 담긴 메시지에 의지하며 지내는 것은 너무나도 초라한 일입니다.

청춘은 젊다는 것만으로도 오늘이 즐거워야 합니다. 청춘은 사회가 주목할 만한 큰 이상과 신념을 가지고 있어야 합니다. 지금보다 나이가 들고 결혼하고 자녀가 생기면, 원하든 원치 않든 책임질 것이 많아지고, 지금보다 현실적이고 안정적인 길을 걷게 됩니다. 그런데 벌써부터 '어떻게 하면 안전하게 살아갈까' 하며 이리 재고 저리 재는 청춘이 어떻게 세상을 바꾸는 감동적인 스토리를 만들어낼 수 있을까요?

제가 알고 있는 한 분은 이 시대가 청춘들에게 필요하다고 정의한 '위로나 힐링'의 메시지와는 조금 다른 이야기를 합니다. 그는 1953년에서 1971년까지 하버드대학교 총장을 지냈던 네이선 퓨지Nathan M. Pusey라는 인물로, 청춘을 이끌어야 할 요소를 다섯 가지로 정의했습니다.

첫째, 흔들 수 있는 깃발

둘째, 변하지 않는 신념

셋째, 따를 수 있는 지도자

넷째, 평생을 함께할 친구

다섯째, 함께 부를 수 있는 노래

전 스무살이 되던 해, 한 친구를 통해 이 다섯 가지를 처음 알게 되었습니다. 돌이켜 생각해보면, 처음에는 이 다섯 가지가 정확히 무엇을 의미하는지 깊이 있게 이해하지도 못했지만, 젊은 날의 여러 가지 고민과 다양한 경험을 통해 이해의 폭을 넓힐 수 있었습니다. 그리고 언제부턴가 이 다섯 가지 지표가 제 화두가 되어 지금껏 저를 이끌어왔습니다.

청춘에 대한 참다운 정의를 내리는 것은 불가능할지 모릅니다. 하지만 저는 누군가 제게 '청춘다운 삶'에 대한 질문을 던지면 이 다섯 가지로 답을 대신하고 있습니다.

지금부터 제 마음속에 꼭꼭 숨겨왔던 소중한 비밀을 나누듯 청춘의 가슴에 있어야 하는 다섯 가지를 여러분과 나누고자 합니다.

간절히 바라는 세상을 마음에 품어라

청춘에게 필요한 첫 번째, 흔들 수 있는 깃발

'흔들 수 있는 깃발'을 정확히 이해하려면 전쟁터를 떠올릴 필요가 있습니다. 네이선 퓨지 총장이 하버드대학교에 재직하던 때는 1, 2차 세계대전이라는 전쟁의 상흔이 깊게 남아 있던 시기였습니다. 그렇기에 그가 언급한 '흔들 수 있는 깃발'에는 전쟁터라는 공간적 배경이 담겨 있습니다.

바로 그런 점을 염두에 두고 아래와 같은 장면을 함께 상상해봅시다.

여기, 전쟁의 한복판을 지나온 젊은 병사들이 있다. 이들은 죽음과 고통이 난무하는 순간들을 지나왔고 마침내 마지막 고지를 점령할 찰나이다. 적군은 무조건 항복을 선

언했다. 고통과 눈물로 가득했던 이 지긋지긋한 전쟁의 마
지막 순간이 드디어 온 것이다. 자, 전쟁의 끝을 맞이한 동
료들 사이로 찢어지고 남루한 군복의 병사 하나가 저벅저
벅 그들 앞으로 걸어나오고 있다. 그의 손에는 자신의 진
영을 나타내는 깃발이 들려 있다. 모든 병사들이 마른침
을 꿀꺽 삼키며 숨죽여 그를 바라본다. 병사들 앞으로 나
온 동료가 드디어 깃발을 번쩍 들어올린다. 그러곤 힘차게
흔들기 시작한다. 약속이라도 한 듯 일제히 모든 병사들이
세상이 떠나가라 함성을 지른다. 모두가 감격의 눈물을 흘
리고 어깨동무를 하며 기쁨의 춤을 춘다.

일반적으로 깃발에는 한 무리나 집단의 이상과 정체성이 새
겨져 있습니다. 타인과 구별되는 유일하면서도 숭고한 정신을
시각적 상징으로 표현한 것이 깃발이지요. 그렇기에 '깃발'을
다른 말로 표현하면 '자신들이 꿈꾸는 새로운 세상에 대한 이
상과 이념을 그린 상징'이라고 할 수 있을 것입니다. 포탄이 떨
어지는 죽음의 순간에도 모든 병사들이 자신의 깃발을 소중히
여기는 것은 바로 깃발에 담긴 이러한 의미 때문입니다.
깃발을 버린다는 것은 자신들의 이상과 이념을 소중히 여기

지 않는다는 뜻이고, 그러면 전쟁을 이어갈 의미도 사라지는 것입니다. 목숨까지 바쳐가며 지켜온 이상과 이념이 마침내 현실이 되는 순간이 있습니다. 그때가 바로 '깃발을 흔드는 순간'입니다. 병사들에게 깃발을 흔드는 순간은 그들이 간절히 바랐던 '지난한 시간의 종결'과 '새로운 세상의 시작'을 나타내는 것입니다.

자, 이제 네이선 퓨지가 이야기한 청년의 가슴에 있어야 할 첫 번째, '흔들 수 있는 깃발'을 정의해봅시다.

'흔들 수 있는 깃발'은 전쟁 같은 시대를 살아가는 청춘들의 아픔과 눈물이 담긴 '새로운 세상에 대한 이상'입니다. 전쟁에 뛰어든 병사가 목숨보다 더 깃발을 소중히 여기듯, 오늘날의 청춘에게는 그 어떠한 것과도 바꿀 수 없는, 심지어 자신의 목숨보다 더 귀하게 여길 새로운 세상에 대한 이상과 꿈이 필요합니다.

●

여러분의 이해를 조금 더 돕고자 저의 '흔들 수 있는 깃발'을 소개하고자 합니다.

대학교 1학년 시절, 저는 중국의 소수민족을 연구하는 동아리에서 활동했습니다. 그리고 그해 여름방학에 몇몇 친구들과 함께 중국으로 탐방을 가게 되었습니다. 당시 제가 살던 포항에는 공항까지 바로 가는 버스가 없던 시절이라, 서울에 있는 친구의 집에서 신세를 지기로 하고, 출국 하루 전날 무궁화호 열차를 타고 포항역에서 서울역으로 올라갔습니다.

저는 아직도 그날이 생생하게 기억납니다. 제가 지하철이란 걸 처음 타본 날이었거든요. 경상북도 포항에서 태어나 초등학교, 중학교, 고등학교 심지어는 대학교까지 포항에서 다닌 저는 서울에 올라올 일도 많지 않았을뿐더러, 지하철을 탈 일도 전혀 없었습니다.

마중 나온 친구를 따라 난생처음으로 지하철을 타러 가는 길, 서울에 사는 친구는 제가 지하철을 처음 타는 것을 알고 "준희야, 지하철을 탈 때는 신발을 벗고 타는 거야"라며 농을 쳤습니다. 물론 저도 아니라는 것쯤은 어렴풋이 알고 있었지만 '혹시 진짜 신발을 벗고 타는 것은 아닌가' 하고 내심 고민하고 있을 때 지하철이 안내방송과 함께 플랫폼으로 들어왔습니다.

친구의 안내에 따라 지하철을 탄 저는 모든 것이 신기하여 이리 두리번 저리 두리번 하고 있었습니다. 그리고 얼마 지나지 않아 저는 태어나 처음 보는 모습을 목격합니다.

두 다리가 없는 한 지체장애인이 바닥에 가슴을 대고 몸을 끌면서 들어오더니, 이내 목소리를 가다듬고 승객들을 향해 외치기 시작했습니다.

"저는 사고로 두 다리를 잃었습니다. 여러분이 저를 도와주시면 오늘을 살아갈 수 있을 것 같습니다."

저는 순간 지하철 안에 있는 모든 사람들이 그를 도와줄 것이라고 생각했습니다. 하지만 제 예상과는 달리 아무도 그를 도와주지 않았습니다. 지하철 안은 적막하리만큼 조용했습니다. 아무도 그를 쳐다보지 않았고, 어떠한 반응도 해주지 않았습니다. 물론 지금은 그때의 승객들을 이해합니다만, 그날은 안타까운 모습을 한결같이 외면하는 사람들이 이상해 보였습니다. 저는 지하철도 처음 탔겠다, 인정 하나 빼면 서러운 촌놈이었기에 그분을 꼭 도와주고 싶었습니다.

저는 친구를 쳐다보며 조용히 말했습니다.

"우리 저분 도와드리자."

친구도 가만히 고개를 끄덕이더군요.

우리는 주머니에 있던 천 원짜리 몇 장을 꺼내 지하철 바닥에 가슴을 대고 있는 그분에게 걸어가 "아저씨 힘내세요" 하며 건넸습니다. 그런데 그 순간 그분이 저희들을 물끄러미 올려다 보시더니 돈을 받는 대신 제 손목을 힘껏 잡으셨습니다. 저는 정말 깜짝 놀랐습니다.

‘서울은 원래 이런 곳인가? 서울 사람들은 자신을 도와주는 사람에게 이렇게 인사를 하나?’ 하는 생각이 들 정도였습니다. 그때 그분이 떨리는 목소리로 제게 이야기했습니다.

“학생, 돈보다도 말이야, 혹시 시간이 되면 내 이야기를 조금 들어줄 수 있을까?”

저는 당황했지만 ‘뭐 어때, 어차피 시간도 많고 지방에서는 자리가 없을 때 종종 바닥에도 앉아서 가고 그랬으니까’라고 생각하며 대답 대신 그분 앞에 양반다리를 하고 앉았습니다. 그리고 그 지체장애인 아저씨의 이야기에 귀를 기울이기 시작 했습니다.

아저씨는 공사현장에서 사고로 두 다리를 잃었다고 했습니 다. 그때 나이가 지금 제 나이인 삼십대 초반이었다고 합니다. 오랜 혼수상태에서 깨어나 눈을 뜨니, 자신의 아내는 어린 자 식을 데리고 이미 도망을 간 후였답니다. 늙으신 홀어머니만이 자신을 내려다보고 있었다고 합니다.

아저씨는 두 다리를 잃은 자신을 도저히 받아들이기 어려워 몇 번이나 자살 시도를 했답니다. 하지만 사람 목숨이 질기다고, 쉽게 죽을 수조차 없었다고 했습니다. 죽었다고 생각했는데 다시 병원에서 눈을 뜨고, 또 이번엔 꼭 죽자고 생각하고 다시 시도했지만 눈을 뜨면 앞에는 홀어머니만이 눈물에 젖은 채 자신을 내려다보고 있더랍니다. 그렇게 자신 때문에 눈물 흘리는 어머니가 가슴에 밟혀 아저씨는 마음을 바꿔먹었다고 합니다.

'어머니를 위해서라도 살아야겠다.'

살겠다, 살아보자는 마음을 품은 아저씨는 지역단체에서 실시하는 장애인들을 위한 교육에 나가게 됐고, 마침내 한 공장에 취업까지 하게 되었답니다.

아저씨는 그날을 잊을 수가 없다고 했습니다. '아, 나도 할 일이 생겼구나, 나도 쓸모가 있구나' 하는 감격에 다시 한 번 새로운 인생에 대한 희망을 품게 되었고, 잘해보자고 몇 번이나 마음속 깊이 다짐을 했답니다. 그리고 매일매일 열심히 일했다고 합니다.

하지만 한 달이 지나자 그 공장의 사장님이 자신을 때리기 시작하더랍니다. 그래도 꾹 참았다고 합니다. '이곳이 내가 일할 수 있는 마지막 터전이야'라고 생각했기에 꾹 참고 누구보다도 더 열심히 일했답니다. 하지만 다시 몇 달이 지나자 사장님이 월급도 제대로 주지 않더랍니다. 폭력과 장애인에 대한 차별을 견디지 못하고 아저씨는 결국 공장을 그만두게 되었다고 합니다.

마지막 꿈과 희망이라고 생각했던 그곳에서의 시련과 배신감에 아저씨는 깊은 절망에 빠졌고, 또 한 번 칼로 자신의 손목을 그었답니다. 그러곤 제게 깊게 팬 손목의 흉터를 보여주더군요.

하지만 아저씨는 또 죽지 않았답니다. 그렇게 다시 깨어난 그에게 매일매일은 아무런 삶의 의미도 이유도 없는 날들이었습니다. 허망함과 무기력으로 하루 종일 누워 있는 시간이 이어지던 어느 날, 아저씨는 어머니가 동네 폐지를 주워 파는 것으로 자신을 돌보고 있다는 것을 알게 되었답니다. 이웃들이 아저씨를 향해 혀를 차며 '밥만 축내지 말고 동냥그릇이라도 들고 구걸이라도 해라'라고 질타하는 소리를 듣고 알게 된 사실이랍니다.

아저씨는 그렇게 마지못해 동냥이라도 해보기로 결심했고, 오늘이 그 첫날이라고 했습니다. 그리고 지하철을 난생처음 탄 제가 그날, 그분의 첫 손님이 된 것이지요.

저는 이야기를 듣는 내내 왠지 모를 부끄러움과 슬픔, 그리고 안쓰러움이 마음에 가득 차올랐습니다. 앞에 계신 아저씨를 위해 어떻게든 위로의 말을 건네야 하는데 스무살짜리 까까머리 청춘에게는, 가진 돈이라고는 몇천 원밖에 없는 이 청춘에게는 그분에게 전할 수 있는 위로의 말이 딱히 없었습니다.

복잡한 감정에 휩싸인 저는 저도 모르게 아저씨에게 다음과 같은 말을 해버렸습니다.

"아저씨, 저는 지금은 겨우 스무살밖에 안 된 청년이에요. 하지만 제가 언젠가 어른이 되면 꼭 아저씨처럼 열심히 일하는 분들이 제대로 대접받을 수 있는 세상을 만들겠습니다. 약속합니다."

아저씨도 놀랐는지, 이야기를 하며 붉어진 눈시울로 한참이나 저를 쳐다보더군요.

"아저씨, 오늘은 제가 드릴 것이 없지만, 제가 종교를 가지고 있는데 아저씨를 위해 잠시 기도드려도 될까요?"

아저씨는 대답 대신 손을 모았습니다. 그렇게 저는 처음 탄 지하철 1호선 바닥에 꿇어앉아 아저씨를 위해 기도했습니다. 그리고 잠시나마 제가 아저씨에게 한 당돌한 약속을 스스로 되새겼습니다.

그때 친구가 내릴 곳을 지나쳤다며 제 등을 연신 두들겼습니다. 저는 놀라서 허둥지둥 선반 위에 올려두었던 배낭을 둘러메고는 아저씨에게 급하게 인사를 했습니다.

"아저씨, 안녕히 계세요!"

그리고 열린 문으로 뛰어내려서는 마지막으로 아저씨의 얼굴을 한 번 더 보고 싶다는 생각에 뒤를 돌아보았습니다. 그런데 그때 제 눈앞에 놀라운 광경이 펼쳐졌습니다. 두 다리가 없는 아저씨가 한 손으로 몸을 앞으로 끌며, 다른 한 손을 하늘을 향해 들더니 눈물을 흘리면서 "살 거야, 꼭 살 거야" 하고 크게 소리 내어 외치고 있었습니다.

저는 그렇게 떠나가는 지하철과 아저씨를 멍하니 쳐다보고 있었습니다.

"살 거야, 꼭 살 거야……."

아저씨의 외침이 제 귓가에 맴돌았습니다.

저는 이제는 알고 있습니다. 그때 그 시절 스무살 청년이 했던 약속, "아저씨, 제가 어른이 되면 아저씨같이 열심히 일한 사람이 대접받을 수 있는 세상을 만들겠습니다"라는 그 철없던 약속이 그분의 죽어가던 가슴을 살렸다는 것을요.

그 일이 있고 난 후, 저는 오랫동안 생각해보았습니다. 어쩌면 그분이 사고를 당한 후 잃은 것은 다리가 아니라 더 나은 내일에 대한 희망과 꿈이었다고, 그리고 사고를 당한 후 아무도 그에게 희망의 메시지를 전하지 않았을 것이라고요.

모두들 위로는 해주었겠지만 '네가 살아갈 내일에, 네가 살아갈 세상에 여전히 희망이 있다'는 말은 하지 않았을 겁니다. 그렇게 죽어가던 아저씨에게 세상 모르는 한 젊은이가 덜컥 약속해버린 것이지요. '아저씨, 걱정 마세요. 제가 새로운 세상을 만들어보겠습니다' 하는…….

그리고 그때의 일과 그 약속은 그분에게뿐 아니라 제게도 '꿈과 이상'이 되었습니다. '나이와 성별, 배경에 상관없이 열심히 일한 사람이 대접받는 세상'을 만들겠다는 그 약속이 제가 평생 포기하지 않고 이루어야 하는 새로운 세상에 대한 이념이자 목표가 된 것이지요. 저는 저의 이상이 아저씨와의 만남을 통해 얼마나 가치 있고 멋진 일인지를 경험하게 된 것입니다.

대부분의 청춘들처럼 저 또한 지난 청춘을 떠올려보면 참 많이도 방황하고 아파하고 힘들어 했던 시간들이었습니다. 그럼에도 제가 스스로를 포기하지 않고 오늘의 열정을 지속했던 이유가 있다면 바로 그분과 약속했던 새로운 세상에 대한 꿈이 제 가슴에 새겨졌기 때문입니다.

그 아저씨가 사고를 당한 후 잃은 것은
다리가 아니라 더 나은 내일에 대한
희망과 꿈이었는지도 모릅니다.

모두들 위로는 해주었겠지만
네가 살아갈 내일에, 네가 살아갈 세상에
여전히 희망이 있다고
말해주지는 않았을 겁니다.

앞에서 이야기한 네이선 퓨지의 '흔들 수 있는 깃발'이 제게
도 생긴 것이지요.

●

제가 이끌고 있는 핸드스튜디오는 다른 기업에는 없는 아름
답고 유일한 문화와 제도들이 많이 있습니다. 하지만 반대로
타 기업에는 있지만 핸드스튜디오에는 없는 것도 많지요.

그중 가장 자랑스러운 하나가 핸드스튜디오에는 '공신제도'
가 없다는 겁니다. 회사를 함께 시작한 창업 멤버들에게는 미
안하지만, 핸드스튜디오에는 먼저 시작했다는 이유만으로 대
접하고 보상하는 제도가 없습니다. 회사가 이 정도 성장했으면
그들에게 어느 정도 돌려줘도 괜찮다고 말하는 사람이 많지만
우리는 그렇게 하지 않습니다. 누구나 똑같이 평가받고 똑같은
기회를 가질 수 있으며, 오로지 실력과 노력만으로 보상받는
기업을 만들려면 소위 주주, 창업자, 이사 이런 사람들이 '자신
이 노력한 것 이상'으로 수익을 가져가는 것을 허용해서는 안
된다고 생각하기 때문입니다.

참 신기한 것은 핸드스튜디오가 창업 이래 쭉 지켜오고 있는

이 원칙은 주변의 우려와 달리 창업 멤버들이나 이후에 들어온 모든 멤버들이 서로를 더욱 신뢰하고 열정적으로 일하게 만드는 가장 중요한 동기가 되고 있다는 사실입니다.

이렇게 저는 저의 깃발을 마음껏 흔들 수 있는 그날을 위해 달려가고 있습니다. 오늘날 많은 청춘들이 그들의 잘못이 아님에도 어려운 경제와 모순된 사회 속에서 눈물 흘리며 좌절하는 것을 저도 지켜보고 있습니다. 여러분의 눈물을 어떻게 다 헤아릴 수 있을까요. 어떻게 다 위로할 수 있을까요. 다만 저는 여러분에게 이렇게 이야기하고 싶습니다.

지금 마음속에 있는 그 억울함과 슬픔, 세상에 대한 답답함을 그냥 잊지 말고, 여러분이 꿈꾸는 세상으로 나아가는 데 쓰일 에너지로 삼아주십시오. 여러분이 살아갈, 여러분이 만들 세상에는 그러한 일들이 없도록 여러분의 이상으로 삼아주세요. 오늘의 감정에 흔들리지 않고, 주위의 소리에 흔들리지 않는, 오직 내가 바라는 그날을 위한 '흔들 수 있는 깃발'로 지켜주세요.

세상에는 세 가지 부류의 사람이 있다고 합니다.
세상의 흐름과 변화를 따라가는 사람.

기성세대가 강조하는 '꿈'은
'직업'이나 '일'에
초점이 맞춰져 있습니다.

하지만 아시나요?
꿈의 진짜 의미는
"너는 어떤 삶을 살고 싶니"라는
질문에 대한 답이라는 것을요.

세상의 흐름을 읽으며 지켜보는 사람.

세상의 흐름을 리드하며 바꾸는 사람.

여러분은 어떤 사람이 되고 싶습니까?

당연히 '세상의 흐름을 리드하며 바꾸는 인생'이 되기를 바라시겠죠? 저는 어떠냐고요? 저 또한 마찬가지입니다. 제가 대학 생활 내내 가장 좋아했던 슬로건이 'Why not change the world'였거든요.

그러면 묻겠습니다.

세 번째 사람이 된 당신이 만들고픈 세상은 어떤 모습입니까?

이 질문의 답이 청춘이 가져야 할 첫 번째, '흔들 수 있는 깃발'입니다.

●

한 가지만 더 이야기하겠습니다.

요즘 기성세대가 젊은이들에게 '꿈'의 소중함을 참 많이 강조하지요? 하지만 기성세대의 메시지에는 한 가지 오류가 있습니다. 그들이 자신들의 성공 이야기와 함께 강조하는 '꿈'은 대부분 '직업'이나 '일'에 초점이 맞춰져 있다는 점입니다. 왜냐하면 그들의 세대에는 '네 꿈이 뭐니?'라는 말이 '네가 갖고 싶은 직업이 뭐지?'라는 말과 동의어로 쓰였으니까요.

하지만 아시나요?

꿈의 진짜 의미는 직업이 아닌 '너는 어떤 삶을 살고 싶니?'라는 질문에 대한 답이라는 것을요.

만약 '직업'이나 '특정한 일'이 우리가 평생 가져야 하는 꿈의 전부라면, 그 꿈을 이루거나 반대로 환경이나 형편상 그 일이 없어진다면 어떻게 될까요? 우리들은 평생 꿈을 이루지 못하거나 아니면 이미 이뤄버렸기에 더 이상 할 일이 없는 사람이 되지 않을까요?

매력 있고 힘 있는 인생 스토리를 가진 사람들은 직업이나 일이 아닌 '자신만의 인생을 어떻게 살 것인지'에 초점을 맞춘 사람들입니다. 그들에겐 '무엇을 하는 삶'이 아닌 '어떠한 삶'이 더욱 중요했고, 그것을 꿈으로 삼은 사람들이지요. 그래서 그들에게는 어떠한 직업이든 어떠한 환경이든 모든 것이 자신이 꿈꾸는 삶을 이루는 수단이자 소재가 될 수 있는 것입니다. 그래서 그들의 이야기는 참 다양하고 재미있으며, 흥미롭고 매력적인 겁니다.

그렇게 '흔들 수 있는 깃발'은 다른 의미로는 청춘들이 찾아야 하는 꿈(어떠한 삶을 살겠다)의 정의와 이어져 있습니다.

청춘은 하루에도 수십 번씩 바뀌는 자신의 감정과 싸우는 시간입니다. 그렇기에 '변하지 않는 신념'을 조금 더 현실적으로 표현하면 '매일매일 달라지는 나의 감정이나 기분과는 상관없이 지키고 싶은 한 가지'라고 이야기하는 것이 더 마음에 와닿을 것 같습니다.

지난 시절을 돌이켜보면 사실 저는 남들이 '이렇게 신념이란 단어와는 거리가 먼 사람이 또 있을까' 할 정도로 철없는 젊은이였습니다. 신념은커녕 오늘 한 약속을 당장 다음 날에도 지키지 못하는 참 의지가 약한 사람이었지요.

굳이 네이선 퓨지 총장을 언급하지 않더라도, 약속이나 신념을 지키고 사는 삶의 중요성에 대해서는 학교와 사회에서 많은 분들에게 들어왔습니다. 그래서 고민도 많이 했습니다. '왜 이렇게 나는 나와의 약속을 지키지 못할까?' 하고 스스로를 자책하기도 했습니다. 아마 저와 비슷한 시절을 보냈거나 보내고 있는 분들도 많이 있을 거라고 생각합니다.

그러던 어느 날, 저는 중요한 사실을 하나 깨닫게 되었습니다. 그건 '변하지 않는 신념'의 중요성은 참 많이 들었는데, 이 신념이 가져다주는 혜택이 무엇인지에 대해서는 어느 누구도 알려주지 않았다는 점이었죠. '좋은 습관이나 신념을 가지면, 성공한다, 그러니 신념을 지켜라'라는 주입식 메시지는 어린 시절부터 귀가 닳도록 들어왔지만, 구체적으로 어떤 점 때문에 중요한지는 모르고 있었습니다. 그저 다들 중요한 덕목이라고 하니 그냥 그런 줄 알았던 겁니다.

기억나시죠? 초등학교 때 방학이 되면 항상 하는 첫 번째 과제가 방학생활 계획표 짜기였다는 것을요. 하지만 그때도 역시 그 누구도 우리에게 스스로와의 약속을 지키고 사는 삶의 가치에 대해 진지하게 이야기해주지는 않았던 것 같습니다.

우리에게 가르침을 줘야 했던 기성세대는 자신들 스스로가 격동의 시절을 살아오신 분들입니다. 급격한 경제발전과 함께 군사정권에서부터 민주화 시대까지 격변의 시대를 지나오셨지요. 이처럼 빠르게 변화하는 시대에 발맞추지 못하는 사람들은 대부분 도태되거나 고초를 겪었습니다. 그 시대엔 환경에 따라 유연하게 변하지 않으면 살아남기 어려웠습니다.

이런 혼란의 시기를 살아온 기성세대가 어떻게 "신념을 가지고 살며 스스로와의 약속을 지키는 것은 참 중요하단다" 하고 이야기할 수 있었을까요.

그때 저희는 물어봐야 했습니다.

"정말 그렇습니까? 그러면 왜 그런지 알려주세요."

즉, 변하지 않는 신념에 대한 확신이 없던 기성세대에게 우리는 변하지 않는 신념에 대해서는 들었지만, 이러한 신념이 갖는 가치와 의미는 배우지 못했습니다.

'변하지 않는 신념'을 이야기하면서 이 신념이 무엇이 되어야 하는지를 말하는 것은 가장 우둔한 행동일 거라고 생각합니다. 저마다 지키고 싶은 혹은 지켜야 하는 신념이 다 다를 것인데, 제가 '젊은이들이 지켜야 하는 신념은 바로 이것입니다' 하고 주장한다면 말도 안 되는 일이니까요.

다만 저는 위에서 언급한 것처럼 단 한 번도 변하지 않는 신념이 필요한 이유를 알려주지 않은 기성세대를 대신하여 늘 변덕이 심하고 심지가 약했던 제가 신념의 중요성을 깨달았던 어떤 날의 이야기를 들려드리는 편이 더 의미 있지 않을까 생각합니다.

●

친구들과 저녁 약속이 있던 어느 날 저녁, 저는 여느 날과 다름없이 아버지의 차를 빌려 타고 나와서는 집 근처 큰길 신호등 앞에 서 있었습니다. 하지만 그날따라 이상하게도 신호가 몇 번이나 바뀌도록 차들이 전혀 움직이지 않았습니다. 분명 퇴근시간도 아니었는데 꼼짝도 하지 않는 차들의 모습을 보며 연신 고개를 갸웃거렸지요. 그러다 거친 숨을 몰아쉬며 제 차 옆을 스쳐가는 한 마라토너를 보고서야 그 궁금증이 해결되었습니다. 마침 그날은 지역 마라톤 대회가 있는 날이었고, 제가 신호를 기다리고 있던 곳으로 마라토너들이 지나가는 순간이었던 것이지요. 태어나 처음으로 마라토너들의 행렬을 신기하게 구경하던 저는 그렇게 30분을 더 잡혀 있고서야 그 구간을 빠져나올 수 있었습니다.

오랜만에 만난 친구들과의 즐거운 모임은 생각보다 늦어져 새벽 1시가 되어서야 파하고 집으로 향할 수 있었습니다. 나올 때와는 달리 어느새 하늘은 흐려져 있었고, 조금씩 비까지 뿌리고 있었습니다. 거리에는 어둠이 짙게 깔려 가로등 불빛조차 희미했습니다.

빗길을 의식하며 여느 때보다 더 조심스럽게 운전을 하던 저는 새벽 2시를 가리키는 시계 위로 마라토너 한 명이 도로를 따라 여전히 달리고 있는 모습을 발견했습니다.

'헉, 지금이 몇 시인데 아직 뛰는 사람이 있는 거지?'

평소 호기심은 꼭 풀어야 하는 성격을 가진 저는 무작정 그분 앞으로 차를 몰아 세웠습니다. 그리고 급하게 차에서 내려 그분을 향해 걸어갔습니다.

얼추 사십대로 보이는 아저씨 한 분이 떨어지는 빗방울을 맞으며 열심히 뛰어오고 있었습니다. 아저씨는 어두운 도로에서 비상등을 켜고 자신을 향해 걸어오는 한 남자를 보고 흠칫 놀란 눈치였습니다. 저는 조용히 다가가면 혹시 더 놀랄까봐 힘찬 목소리로 아저씨에게 인사를 건넸습니다.

"아저씨! 아직 대회가 안 끝났나봐요?"

아저씨는 제 얼굴을 확인하고서야 안심이 되는 듯, 바쁜 호흡을 잠시 가다듬고 빗물에 젖은 얼굴을 한 번 닦더니 대답했습니다. 거친 숨소리로 인해 매끄럽지는 않았지만 목소리는 힘

있고 또렷했습니다.

"초등학교 다니는 아들과…… 헉헉, 마라톤 대회에서 완주하기로 약속을 했는데, 달리다가 쥐가 나서 헉헉, 다 못 뛰었어. 이대로 돌아가면, 아들놈에게 헉헉, 거짓말쟁이가 되니까…… 혼자라도 다 뛰고 가려고. 내가 그놈에게 약속을 했거든."

아저씨의 대답에 순간 저는 가슴을 한 대 얻어맞은 것 같았습니다.

'우와, 이게 진짜 약속이라는 거구나.'

저는 약속이라는 것이 의미의 경중이나 상황과는 상관없이, 시간과 보는 이에 구애받지 않는 자신의 삶을 향한 애정이라는 것을 그 짧은 대답을 통해 느낄 수 있었습니다.

마치 그 옛날 도를 구하는 사람들에게 홀연히 나타나 가르침을 주던 '살아 있는 도사'를 만난 듯했습니다. 풀리지 않던 약속과 신념에 대한 어떠한 정의들보다도 더 마음에 와닿았지요. '약속을 지키며 사는 삶'에 대한 답을 실제로 보여준 아저씨에게 너무나도 감사했습니다. 생각지도 못한 깨달음에 신이 난 저는 나름대로 보답을 한답시고 이렇게 말을 건넸습니다.

"우와, 아저씨 아드님은 참 좋겠어요. 이렇게 훌륭한 아빠를 두었으니 말이에요."

'아, 이게 진짜 약속이라는 거구나.'

저는 약속이라는 것이
상황이나 시간, 보는 이에 구애받지 않는
자신의 삶을 향한 애정이라는 것을
그 짧은 대답을 통해 느낄 수 있었습니다.

어쩌면 저는 저의 이 말에 아저씨가 환한 얼굴로 화답해주기를 내심 기대했던 것 같습니다. 하지만 아저씨는 아무 말도 없었습니다. 긴 침묵이 이어졌고 어두운 표정을 한 아저씨는 힘들게 말문을 열었습니다.

"학생, 있잖아. 사실은 우리 아들…… 작년에 하늘나라에 갔어."

"네?"

"아파서…….."

이윽고 침통한 목소리가 이어졌습니다.

"그놈 소원이 내가 술 안 먹고 일찍 들어와서 자기랑 놀아주는 거였는데, 난 항상 '다음에 같이 해줄게' 하며 핑계만 댔지, 한 번도 제대로 놀아준 적이 없어. 그래서 어느 날은 미안한 마음에 언젠가 마라톤 대회에 같이 나가기로 덜컥 약속을 해버렸는데, 아들놈은 그걸 믿고 제 엄마랑 늘 연습을 했어. 나는 아들놈과 약속한 대회 날에도 회사 핑계, 친구 핑계 대며 잊어버리고 있다가 결국 같이 뛰지 못했어. 애가 아프고 난 뒤에도 병원에 누워 늘 나에게 '아빠 나 다 나으면 함께 마라톤 대회에 나가자'고 했었는데…….."

그렇게 아저씨는 끝내 말을 잇지 못했습니다. 떨어지는 빗방울은 굵지 않았지만, 이미 아저씨의 얼굴은 흠뻑 젖어 있었습니다. 잠시의 정적이 있은 후, 얼굴을 닦은 아저씨가 마지막 말을 건넸습니다.

"학생도 좋은 사람이 되고 싶으면 약속을 잘 지키고 살아. 나처럼 후회하지 말고."

'쿵.'

저는 그렇게 다시 한 번 마음을 얻어맞았습니다.

●

비가 오는 날이면 저는 어두운 빗속을 뚫고 힘차게 뛰어가던 그 아저씨의 뒷모습이 생각납니다. 그날 아저씨와의 만남은 제게 '나의 약속과 신념은 지나가는 이의 걸음을 멈추게 할 수 있는가'라는 도전으로 남았습니다. 아울러 그날 저는 한 가지를 더 깨달을 수 있었습니다. 약속과 신념이라는 것은 늘 미래를 시제로 하고 있는 것 같지만, 사실 내일이 아닌 오늘에 자리 잡고 있을 때 의미가 있다는 사실을요.

그렇게 저는 약속과 신념의 진짜 의미와 가치를 배웠습니다. 그리고 당장 그날부터 아저씨에게 배운 가르침을 좇아 용기

내어 작은 약속부터 하나씩 지켜가는 연습을 하기로 결심했습니다.

'무뚝뚝한 성격이지만 부모님에게 늘 사랑한다고 말하기.'
'아무리 바빠도 하루에 신문기사 10개 읽고 자기.'

처음에는 이런 지극히 개인적인 것들부터 시작했습니다. 비록 신념이라고 하기에는 사소해 보이는 규칙에 가깝지만, 스스로와의 약속을 지키는 시간이 조금씩 이어지다보니 놀라운 기분과 감정이 생기기 시작하더군요. 바로 그때의 그 아저씨가 이야기했던 '좋은 사람'이 되어가는 기분 말입니다. 말하자면 '정직이 세상을 바꾼다'라는 신념을 가지게 되다보니 제가 덩달아 정직한 사람이 되어가는 것 같았습니다. 이러한 감정을 서양에서는 명예honor라고 표현하는데, 그 명예가 제 가슴에도 조금씩 생기는 느낌이 들었습니다.

그리고 그렇게 작은 약속을 지키는 성공의 경험들이 쌓이다보니 이전보다 더 크고 넓은 의미의 약속과 신념들이 제 인생에 받아들여지기 시작했습니다. 앞으로의 내 삶이 어떠하든, 환경과 감정이 어떠하든 내가 목표로 하는 '삶의 방향'을 지켜갈 수 있겠다는 막연한 자신감이 생기기까지는 그리 오래 걸리지 않았던 것 같습니다.

약속이나 신념이라는 것은
늘 미래를 시제로 하고 있는 것 같지만,
사실 내일이 아닌 오늘에 자리 잡고 있을 때
의미가 있습니다.

앞서 이야기한, 지하철 아저씨와 했던 '모두가 열심히 일한 만큼 공평하게 대접받는 세상을 만들겠다'는 약속은 제가 흔들 수 있는 깃발, 즉 제가 꿈꾸는 세상입니다. 하지만 이러한 이상을 현실에서 이루기 위해서는 이 이상을 다시 신념으로 삼아야 됩니다. 꿈과 이상은 내일을 향하고 있지만 신념은 오늘을 향하고 있기에, 이 둘은 반드시 함께여야만 의미가 있습니다. 꿈꾸는 것을 이루는 삶은 바로 이상을 신념으로 여긴 사람들에게 주어지는 축복입니다. 어쩌면 이것이야말로 기성세대가 말하는 '성공한 삶'에 대한 명쾌한 비밀일지도 모르겠습니다.

절대 잊지 마십시오.

앞만 보고 빠르게 달려가는 누군가의 걸음을 멈추게 하고, 가슴에 힘있는 울림을 줄 수 있는 사람이란 자신의 변하지 않는 신념을 지키고 사는 사람입니다. 그리고 삶을 가치 있게 만드는 것은 가슴에 품은 신념을 얼마나 지키고 사느냐로 결정된다는 것을요.

요즘처럼 '멘토'라는 단어를 많이 쓰는 시기가 있었던가요? 아시다시피 멘토는 동양에서 말하는 스승과 그 뜻이 참 비슷한 말입니다. 우리는 내 삶에 무언가 가르침을 주는 사람을 가리켜 '스승'이라고 표현하지요. 청춘의 가슴에 있어야 할 다섯 가지 중 세 번째, '따를 수 있는 지도자'도 실은 여러분이 잘 알고 있는, 바로 그 스승을 뜻합니다.

하지만 저는 스승에 대해 기존에 우리가 규정해온 것과 조금 다르게 '인생의 바람'이라고 표현하고 싶습니다. 무슨 뜻이냐고요? 자, 지금부터 함께 생각해봅시다.

'나 잠깐 바람 좀 쏘이고 올게'라는 말 자주 쓰시죠? 보통 어떤 경우에 쓰게 되나요? 이유는 제각각 다르겠지만 무언가 답답하거나 좀처럼 풀리지 않는 문제를 떠안고 있을 때일 것입니다. 갑갑한 현실을 잠시 벗어나 새로운 공간과 환경 속에 있으면 어느 순간 거짓말처럼 문제가 풀리며 이내 상쾌한 기분이 들었던 경험, 아마도 다들 한 번쯤은 있을 겁니다.

그런데 이 '바람'은 종종 우리의 인생에도 필요합니다. 단순히 순간의 답답한 감정을 전환하기 위한 바람이 아니라, 나를 새롭게 하고 새로운 힘을 얻게 하는 그런 바람이 필요할 때가 있습니다. 오랜 시간 노력했음에도 풀리지 않는 인생의 고민, 최선을 다했음에도 원치 않은 결과가 반복될 때, 가슴이 터질 듯한 불안이 끊이지 않는 젊은 시절, 바로 이런 순간들이 '인생의 바람'을 쏘여야 하는 시점입니다.

그럼 여기서 뜬금없지만 바람이 어떻게 만들어지는지 잠시 생각해보겠습니다. 지구과학에서 설명하는 바람의 발생 원리는 고기압과 저기압 간의 기압 차입니다. 고기압과 저기압이 만나 그 기압 차만큼 높은 기압에서 낮은 기압으로 불어나가는 것이 바람입니다. 이 기압 차가 크면 클수록 불어나오는 바람도 세서 도시를 날려버릴 만한 태풍이 되기도 하고, 때로는 농부들의 더위를 식히는 산들바람이 되기도 하는 것입니다. 바다 위에서 이 기압 차가 생기면 짠 내음을 가득 담은 바닷바람이 되고, 산에서 이 기압 차가 생기면 신록의 푸름을 담은 산바람이 되는 것이지요.

저는 인생도 이와 같다고 생각합니다. 바로 인생의 바람을 만나는 시점은 자신보다 높은 기압을 가진 사람을 만날 때입니다. 고기압에서 저기압으로 불어나가는 것이 바람이듯, 나보다 훨씬 높은 고기압의 사람을 만났을 때 우리는 그로부터 불어나오는 바람을 전인격적으로 느끼게 됩니다.

인생의 답답함이 끊이지 않을 때, 삶 속에서 풀리지 않는 문제가 지속될 때 우리가 그 문제를 해결할 수 있는 가장 좋은 방법은 자신보다 높은 기압의 사람을 찾는 것입니다. 그렇게 상대에게 불어나오는 바람을 통해 새로운 기운을 얻고 새로운 힘을 얻을 수 있습니다. 만약 어두운 시기를 송두리째 날릴 만한 높은 고기압을 언제나 주변에 두고 있다면 그 사람은 정말 행운아입니다.

우리는 어떤 사람이 가지고 있는 경제적 사회적 스펙만을 보고 우리 시대의 멘토, 스승, 지도자라고 정의하는 것을 자주 목격하게 됩니다. 만약 따를 수 있는 지도자를 단순히 '현 자본주의 사회에서 얼마만큼 성공을 이루었는가'로 정의한다면 그 사람들 중엔 차마 본받지 말아야 할 많은 이들이 포함될지도 모르겠습니다.

그래서 저는 다시 한 번 힘주어 스승의 의미를 이렇게 정의하고 싶습니다. 참된 스승이란 나이나 외모, 혹은 그가 이룬 업적이나 재력 따위로 정의되는 것이 아니라 나의 풀리지 않는 인생을 송두리째 날려버릴 만한 바람을 일으키는 자 즉, 나보다 높은 기압을 가진 사람입니다. 나아가 나보다 높은 열정이나 신념, 혹은 더 큰 꿈이나 더 간절함으로 인생을 살아가고 있는 자가 바로 나에게 새로운 바람을 불러일으킬 참된 스승이자, 인생의 멘토입니다.

자, 그러면 이 새로운 정의와 함께 지금까지 여러분이 따를 수 있는 지도자라고 생각했던 사람들을 한번 떠올려보십시오. 과연 그들은 당신의 인생에 바람을 일으키고 있습니까? 혹시 누군가가 막연히 결정해준 스승은 아닙니까?

●

저는 최근 많은 청춘 후배들로부터 자신의 멘토가 되어달라는 부탁을 종종 받곤 합니다. 물론 그 마음이 너무 귀하고 고맙지만, 또 한편으로는 마음에서 안타까운 의구심 하나를 지울 수 없습니다.

'왜 저 친구들은 잘 알지도 못하는 나를 스승으로 삼는 걸까? 주변에선 스승을 만나기가 정말 힘든 걸까?'

혹시 스승을 찾기 힘들다고 생각하는 분들이 있다면, 스승의 기준을 위와 같이 정의한 다음, 주변을 다시 한번 둘러보십시오. 막연한 사회적 스펙이나 경제적 성공 정도가 아니라 나에게 바람을 일으키는 사람인지 아닌지로 그 기준을 정하고 주변을 다시 돌아본다면 우리 주변에는 생각보다 더 많은 스승들이 있음을 알게 될 것입니다. 비록 나보다 나이가 적더라도 나에게 바람을 일으키는 고기압들이 숨어 있을 수도 있고, 사회적 지위는 낮더라도 태풍 같은 삶을 사는 분들을 찾게 될지도 모릅니다.

앞서 설명한 '흔들 수 있는 깃발'과 '변하지 않는 신념'을 가슴에 품고 살다보면 여러분은 분명 풀리지 않는 현실이라는 거대한 벽을 만나게 될 것입니다. 세상을 바꾸고 싶은 꿈이 크면 클수록 당신이 맞닥뜨릴 현실의 벽은 더욱 거대할 것입니다. 세상과 구별되는 고귀한 신념을 품고 살려고 하면 할수록 현실의 걱정거리는 더욱 당신을 압박해올 것입니다.

하지만 걱정하지 마십시오. 이러한 답답함과 두려움이 찾아올 때 이제 당신에게는 그곳을 벗어날 수 있는 방법이 있습니다. 당신의 처진 어깨에 새로운 힘을 불어넣고, 우울한 인생에 신선한 기운을 불어넣을 방법이 있습니다.

따를 수 있는 지도자, 즉 인생의 고기압을 찾으십시오.

●

저에게는 늘 새로운 바람을 일으켜주시는 인생의 고기압, 따를 수 있는 스승님들이 있습니다. 그중 딱 한 분만 소개해야 한다면, 저는 기꺼이 한동대학교를 20년 가까이 이끌고 계시는 김영길 총장님을 말씀드리고 싶습니다.

한동대학교는 개교를 몇 달 앞두고 학교 재단으로 있던 모기업이 부도가 나면서 어마어마한 부채를 안고 시작해야만 했던, 태생부터 부도난 지방 사립대학교였습니다. 하지만 이런 어려운 학교 상황에도 정직하고 성실한 미래형 인재를 육성하겠다는 이상과 신념만으로 신임 총장으로 부임한 분이 계셨는데 그분이 바로 김영길 총장님입니다.

개교 이후 몇 년 동안 총장님은 물론, 교수님들의 월급조차 지급할 수 없을 정도로 힘든 상황이었음에도, 학생들이 "총장님, 저희 카페 하나만 만들어주세요"라고 하면 전국 각지로 수소문하고 발품을 팔아 학생들을 위한 휴게공간을 만들어주던 참된 스승이었습니다. 또 한국 출신으로는 유례가 없을 만큼 뛰어난 공학박사로 미국 항공우주국NASA에 몸담고 계셨지만, 모든 지위를 포기하고 '배워서 남 주자'라는 마음 하나로 고국에 돌아와 남은 평생을 후학 양성에 전념하신 분입니다.

언젠가 한번은 김영길 총장님이 억울한 재판에 연루되어 수감된 적이 있었는데 마침 그때가 스승의 날이 다가오던 시기였습니다. 보통의 대학교에서 총장에게 이런 일이 생기면 학생들은 총장 사퇴를 운운하며 대규모 데모나 항의를 하는 것이 당연할 것입니다. 하지만 재학생들과 김영길 총장님에게 배웠던 수천 명의 제자들은 전국 각지에서 자발적으로 모여 총장님이 수감된 형무소 방향을 향해 〈스승의 노래〉를 힘차게 불러드렸습니다. 결국 이러한 일들이 언론을 통해 보도되었고, 김영길 총장의 억울한 사건을 재조명하는 계기가 되어 결국에는 무고로 판결되었습니다.

일흔이 넘은 나이에도 정직하고 성실한 제자를 양성하겠다는 신념을 온몸으로 지키고 계시는 총장님은 한 개인으로는 흔들 수 있는 깃발과 변하지 않는 신념을 가진 분이며, 저에게는 인생의 바람을 느끼게 해주는 고기압입니다.

●

　이른바 굿컴퍼니, '직원들이 행복한 회사, 이웃과 사회와 나누는 회사'라는 신념을 지켜가면서 저는 수없이 많은 어려움과 고민을 마주합니다. 그리고 최선을 다했음에도, 열정을 다했음에도 어려움이 계속될 때면 저는 총장님을 찾아뵙거나 떠올립니다. 그러면 거짓말처럼 그분의 인생이 일으키는 바람에 새로운 힘을 얻게 되고, 나도 할 수 있다는 용기를 얻게 됩니다.

　백 마디 말보다 20년을 한결같은 삶으로 증명하고 계신 그분의 신념은 지금도 수많은 후학들에게 인생의 바람을 일으키고 있습니다. 모두가 '배워서 성공하자'고 외칠 때, 그분은 '배워서 남 주자'고 말씀하십니다. 멋지지 않습니까?

　혹시 꿈과 신념을 가지고 살아가는 시간이 언제부터인가 답답하고 가슴이 터질 듯한 불안감에 짓눌려 있습니까? 어쩌면 지금 당신에게는 기성세대가 위로하는 것처럼 잠시 쉼이 필요한지도 모릅니다.

　하지만 결코 잊지 마십시오. 청춘들이 가져야 하는 진정한

청춘들의 진정한 쉼은
나보다 높은 기압을 만나 스승으로 모시고
그에게 귀를 기울일 때 이루어집니다.

우리도 언젠가 누군가의 인생을
송두리째 날릴 만한 태풍 같은
고기압이 될 때까지 열심히 배워봅시다.

쉼은 물리적인 여행이나 휴식에서 생기는 것이 아니라, 나보다 높은 기압을 만나 스승으로 모시고 그에게 귀를 기울일 때 이루어진다는 것을요.

우리도 언젠가 누군가의 인생을 송두리째 날릴 만한 태풍 같은 고기압이 될 때까지 열심히 배워봅시다.

핸드스튜디오가 시작할 수 있었던 것은 다름 아닌 한 친구의 변하지 않는 믿음이 있었기 때문입니다. 창업을 하기로 결심할 당시 제게는 앞으로 회사를 어떻게 운영해갈 것인가에 대한 몇 가지 원칙이 있었는데 그중 하나가 '단기간에 수익을 내지 못하면 아무런 미련 없이 깨끗하게 회사를 접겠다'였습니다.

당시 저는 한국의 많은 벤처들이 수익성에 대한 고려 없이 내일에 대한 막연한 희망과 기대로 사업을 연명하고 있다는 사실에 상당한 반감을 가지고 있었습니다. 기업이란 수익을 내야만 그 존재 가치가 있다고 믿었기 때문입니다. 또한 저를 믿고 따라 나온 창업 멤버들의 젊은 날을 꿈이라는 명분으로 함부로 소진하고 싶지 않았습니다.

그래서 저는 창업 1년 후에 앞으로 이 사업을 계속할지 여부를 결정짓기로 마음먹었습니다. 그리고 구체적인 목표로는 6개월 안에 첫 수익을 내는 것으로 삼았습니다. 그런 계획들을 세우고, 1년 동안 회사를 운영하기 위한 사업비용을 계산해보니, 저를 포함한 5명의 창업 멤버에게 필요한 비용이 대략 1억 원 정도더군요. 당시 스물아홉살이던 저에게 1억 원은 매우 큰돈이었습니다. 회사를 다니는 동안 어렵게 모아둔 돈을 모두 투자한다고 하여도 제게는 5000만 원이 더 필요한 상황이었습니다. 그때 제 머릿속에 친구 한 명이 떠올랐습니다. 나이로는 저보다 형이지만, 비슷한 시기에 대학 시절을 함께 보낸 가장 친한 친구 중 하나였습니다.

저의 친구들 중에는 참으로 특이한 녀석들이 많이 있는데 그중에서도 대학 친구들이 가장 특별합니다. 대학 친구들과는 몇 년을 같이 어울리면서도 함께 취하도록 술을 마셔본 적이 없습니다. 대신 매일같이 모여 미래에 대한 이야기를 참 많이 했습니다.

'나는 나중에 어떤 일을 하고 싶다'거나 '나는 나중에 어떠한 삶을 살고 싶다'는 이야기가 우리들의 주요 대화 주제였습니다. 그러다 어떤 친구의 꿈이 나의 꿈과 비슷하다는 걸 알게 되

면 언젠가 꼭 그 꿈을 함께 이루자고 약속하고는 막연한 기대
감과 설렘 속에서 밤을 지새우며 즐거워했습니다.

창업을 준비하다가 떠올린 그 친구 역시 저와 대학 시절을
함께 보낸 친구였습니다. 특히 그와 저는 '멋지고 행복한 기업
을 만들어보자'는 공통된 소망을 가지고 있었기에 대화가 잘
통했습니다.

"우리 머지않은 미래에 꼭 함께 좋은 기업을 만들어보자."

저와 그 친구는 입버릇처럼 이런 이야기를 나누며 서로의 꿈
을 응원했습니다.

저보다 1년 먼저 대학을 졸업한 그 친구는 증권사에 취업을
했습니다. 저 역시 졸업 후 평범한 샐러리맨이 되었지요. 그렇
게 4년이 지났습니다. 졸업 후에도 자주 연락하고 안부를 묻곤
했지만, 우리의 대화 주제는 함께 꿈꾸는 미래에 대한 이야기
가 아닌, 사회생활의 애환이나 세상 돌아가는 이야기로 바뀌었
습니다.

그런데 어느 날 제가 느닷없이 친구를 찾아가 꺼내기 어려운
이야기를 시작했습니다. 바로 돈 이야기였지요. 친구 사이에
절대 하지 말아야 할 것 중 하나가 돈을 빌리거나 보증을 서는
것이라고 하지요? 평소 친구 사이의 신의를 중요하게 생각하

던 저 또한 평생 어떤 친구와도 돈에 관련된 이야기는 하지 않으려고 생각했었죠. 그렇기에 그날은 친구에게도 저에게도 무척 낯설고 조심스러운 순간이었습니다. 미안하고 떨리는 마음으로 친구를 찾아갔습니다. 그리고 저는 며칠 밤을 새우며 작성한 사업계획서를 내밀었지요.

"나 사업을 하려고 해. 내 설명을 듣고 만약 네 마음이 움직인다면 나에게 투자를 해주면 어떨까?"

그런데 그 친구가 갑자기 제 말을 멈춰 세웠습니다. 그러고는 마치 몇 번이고 연습한 것처럼 자연스럽게 책상 서랍을 열더니 통장 하나를 꺼내 건네며 제게 이야기했습니다.

"그동안 내가 직장생활하며 모은 전부다. 준희야, 너 먼저 연습해라."

갑자기 꺼낸 통장도 당황스러운데 먼저 연습하라니요. 놀란 제 얼굴을 바라보며 친구가 말을 이었습니다.

"우리 늘 함께 꿈꿔왔던 그 약속 기억하지? 나중에 멋진 기업을 함께 만들어보자던. 난 잊지 않고 있었어. 그러니 너 먼저 연습해."

아, 저는 그제야 친구의 말이 이해됐습니다.

'이 친구는 내 꿈을, 우리의 약속을 잊지 않고 있었구나.'

"그동안 내가 직장 생활하며 모은 전부다.
준희야, 너 먼저 연습해라.
우리 늘 함께 꿈꿔왔던 그 약속 기억하지?
나중에 멋진 기업을 함께 만들어보자던.
난 잊지 않고 있었어. 그러니 너 먼저 연습해."

그렇게 친구가 내어준 '꿈의 수강료'로
핸드스튜디오는 시작되었습니다.

나도 모르게 눈물이 왈칵 쏟아졌습니다.

애당초 이 친구에게는 오늘이 친구가 자신에게 돈을 빌리거나 투자를 부탁하러 온 날이 아니었습니다. 이 친구에게 오늘은 예전부터 이어지던 꿈의 연장선이었을 뿐이고, 자신과 함께하기로 약속한 꿈의 동반자가 한 걸음 더 내딛는 기쁜 순간이었던 것이지요.

친구의 변하지 않은 신뢰와 믿음 앞에 마음 졸이고 눈치를 보며 이 시간을 준비했던 제 자신이 몹시 부끄러웠습니다. 그리고 한편으로는 제게 이런 친구가 있다는 사실이 무척이나 자랑스럽고, 가슴 벅찼습니다.

그렇게 친구가 내어준 '꿈의 수강료'를 통해 오늘날의 핸드 스튜디오는 시작되었습니다.

●

제가 생각하는 청춘의 가슴에 꼭 있어야 하는 '평생을 함께할 친구'란 나의 꿈을 기억하는 친구입니다. 만약 '원대한 이상'을 품고 '변하지 않는 신념'을 지키며 살기로 다짐했다면 나의 깃발과 신념을 기억해줄 친구가 꼭 필요합니다.

친구들에게 꿈을 자주 말해 보세요.
친구들의 꿈을 자주 물어보세요.
그리고 당신의 꿈과 친구의 꿈이
연결될 가능성이 보인다면 바로 약속하십시오.
"우리 그때는 꼭 함께하자."

친구 사이에 보증은 절대 서지 말라지만,
꿈의 보증은
많을수록 좋은 것 같습니다.

앞서도 이야기한 것처럼 참된 청춘으로, 세상을 바꾸는 젊은 이로 살아가는 길은 쉽지 않습니다. 내가 들고 있는 깃발이 원대하면 원대할수록, 나의 신념이 고귀하면 고귀할수록 우리가 마주치는 현실의 벽은 더 높아지는 것이 세상 이치이기 때문입니다.

뜻을 정하고 가는 이의 외로움과 아픔은 그 길을 걸어본 사람만이 알 수 있는 법입니다. 그렇기에 우리들이 마주하게 될 아픔과 외로움의 시간에 우리를 진심으로 위로하고 격려해줄 친구는 꿈의 길을 함께 걷는 친구입니다.

대학 시절, 제 주변에는 미래에 대한 희망찬 꿈을 꾸던 많은 선후배들이 있었습니다. 하지만 졸업 후 그들은 사회생활과 현실이라는 벽 앞에서 꿈도 소망도 잃어버린 지 오래입니다. 꿈꾸는 자의 길이 얼마나 고된지 저 또한 잘 알기에 마냥 그들을 탓할 수는 없지만, 만약 그들에게도 그들의 꿈을 기억하고 지지하는 친구들이 있었다면 어땠을까 하고 생각해봅니다.

잊지 마세요. 꿈을 찾고, 뜻을 세우며, 신념을 가지는 것 못지않게 이 꿈과 신념을 잃어버리지 않도록 기억해주는 참된 친구가 필요하다는 것을요.

꿈을 이루고 싶으신가요?

그러면 그 길을 함께 갈 친구를 꼭 찾으십시오.

아, 그런데 혹시 제게 꿈의 수강료를 내주었던 그 친구는 지금 어떻게 되었는지 궁금하지 않나요?

핸드스튜디오를 시작하고 1년 반쯤 후에 친구는 다니던 회사를 정리하고 저희 핸드스튜디오의 멤버가 되었습니다. 너무나 기뻤지요. '함께하자'는 꿈이 현실로 되었으니 말이지요.

하지만 여기서 멈추지 않았습니다. 다시 1년이 지나, 이번에는 제가 그 친구에게 투자하기로 결심했습니다.

그렇게 지금 그 친구는 핸드스튜디오와 협력관계를 맺고 있는 한 기업의 대표가 되었습니다. 친구의 수강료로 시작한 핸드스튜디오를 통해 다시금 그 친구에게 더 큰 수강료를 내어줄 수 있게 된 것이지요. 한 친구가 지켜온 꿈의 약속이 열매를 맺어 다시 그 친구에게 가는 것, 이보다 더 멋진 일이 있을까요?

군이 힌트를 드리자면, 지금 여러분 주변에 있는 친구들에게 여러분의 꿈을 자주 말해보세요. 친구에게도 '너의 꿈은 무엇이니?' 하고 자주 물어보십시오. 그리고 혹시 당신의 꿈과 친구의 꿈이 연결될 가능성이 보인다면 바로 약속하십시오.

"우리 그때는 꼭 함께하자."

친구 사이에 보증은 절대 서지 말라지만, 꿈의 보증은 많으면 많을수록 좋다고 생각합니다.

누군가의 가슴을 울리는 나만의 이야기를 만들어라

대중에게 오랫동안 사랑받는 노래에는 공통점이 하나 있습니다. 바로 좋은 가사와 좋은 멜로디가 함께 어우러져 있다는 것이지요. 연인과의 애절한 사랑이든, 이별 후 과거를 회상하는 내용이든 좋은 노래는 항상 아름다운 멜로디뿐 아니라 아름다운 이야기도 함께 담겨 있습니다.

먼 옛날에 사람들은 이야기를 실감나게 전하기 위해 멜로디와 추임새를 넣기 시작했고, 그것이 오늘날의 노래로 발전했다고 합니다. 말하자면, 노래란 '멜로디가 있는 이야기'인 셈이죠. 그렇다면 청춘의 가슴에 있어야 하는 다섯 번째, '함께 부를 수 있는 노래'는 바로 함께 나눌 수 있는 이야기인지도 모르겠습니다.

사실 '함께 부를 수 있는 노래'를 설명하는 것은 아주 간단합
니다. 앞서 제가 말했던 청춘들에게 있어야 하는 네 가지, 흔들
수 있는 깃발, 변하지 않는 신념, 따를 수 있는 지도자, 그리고
평생을 함께할 친구를 가지고 살다보면 자연스럽게 생기는 것
이 '이야기'이거든요. 다시 말해 이상과 신념, 배움과 동료를 소
중히 여기고 살다보면 이러한 것들이 시간의 함수를 통과해 누
군가에게 큰 울림을 주는 이야기로 만들어지는 것이지요.

자신의 인생을 어떠한 이야기로 채워갈 것인지는 각자의 선
택에 달려 있습니다. 살아온 배경도, 인생을 바라보는 관점도,
좋아하는 것들도 모두 제각각 다르겠지만, 저는 약속할 수 있
습니다.

깃발과 신념, 스승과 친구를 잊지 않는다면 분명 여러분의
인생에는 누가 들어도 감동을 불러일으키는 이야기, 즉 함께
부를 수 있는 노래로 가득 찰 것입니다.

요즘 저는 강의를 통해 전국의 수많은 젊은이들을 만나고 있
습니다. 그리고 저의 깃발과 신념을 그들과 나누고 있습니다.
제 삶에서 고기압들이 저에게 어떤 바람을 일으켰는지를 나누
고 있습니다. 제 꿈을 기억했던 친구가 제 인생에 어떤 힘을 주
었는지를 전하고 있습니다. 그랬는데, 저의 이야기를 들은 친

구들이 눈물을 흘립니다. 그리고 자신의 일기장이나 블로그, SNS에 제가 했던 이야기를 다시 기록하고 남기는 모습을 자주 보곤 합니다. 저의 이야기, 저의 노래를 그들이 함께 부르게 된 것이지요.

이렇게 생각하면 어떨까요?

아무도 가지 않은 길, 세상의 비웃음을 살 만큼 높은 이상, 누구에게도 침범받지 않는 나만의 신념, 그리고 스승과 친구를 간직하고 살다보면 얻게 되는 최고의 복은 돈도 명예도 아닌 바로 누군가의 마음을 움직이는 이야기라고요.

저는 다양하고 새로운 노래를 더 많이 듣고 싶습니다. 각종 음원 차트에 하루에도 수십 개의 신곡이 발표되듯, 더 많은 청춘들이 온몸으로 새로운 노래(이야기)를 들려주기를 꿈꾸며 기다리고 있습니다.

우리는 철이 들기도 전부터 자본주의 구조 속에서 경쟁을 강요받아왔습니다. 그리고 그 경쟁에서 이겨 부를 축적하거나 사회적 지위와 명예를 얻는 것이 '성공'이라고 배웠습니다. 험난

훗날 누군가의 이야기가
현실이 되어
모두가 따라 부르는
노래가 된다면
그가 바로 세상을 바꾸는
영웅입니다.

한 대학 입시를 뚫고 자유와 낭만의 성지라는 대학교에 가서도 각종 스펙과 학점을 놓고 새로운 경쟁을 시작합니다. 졸업 후 취업을 한 사람은 성공한 자이고 취업하지 못한 자들은 실패한 사람이라는, 말도 안 되는 논리에 오늘도 수많은 청춘들의 가슴이 죽어가고 있습니다.

우리는 기성세대가 만들어놓은 사회구조의 일부분이 되기 위해 그들의 후배로 태어난 것이 아닙니다. 청춘이라는 것은, 젊다는 것은 기성세대가 뛰어넘지 못한 한계를 넘을 수 있다는 뜻이고, 기성세대가 잘못 정해놓은 문화와 구조를 바꿀 수 있다는 것입니다. 그것이 청춘의 사명이며, 청춘의 자존심입니다.

저와 함께 청춘으로 살아갑시다. '이 어렵고 답답한 눈앞의 현실을 무턱대고 따라갈 것이 아니라, 내가 스스로 바꿔보겠다'는 이상을 마음에 품고 기성세대가 포기한 고귀한 가치들을 신념으로 삼아 나의 스승과 동료들이 주는 응원 속에서 세상을 감동시킬 아름다운 이야기를 써내려갑시다.

훗날 우리 중 누군가의 이야기가 현실이 되어 모두가 따라 부르는 노래가 된다면, 그가 바로 세상을 바꾸는 영웅입니다. 세상을 바꾸는 기적은 기성세대가 정해준 기준으로 자신의 인생을 연명해가는 나약한 청춘이 아니라, 사회와 현실에 굴하지

않으며 변치 않을 이상과 신념을 품은 청춘의 가슴에서부터 시
작됩니다.

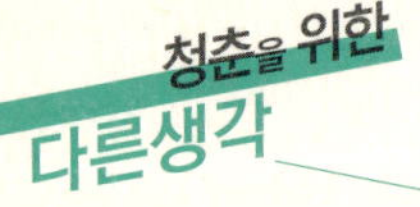

지금
어디로 가고
있나요

남원북철南轅北轍이라는 사자성어가 있습니다.

수레는 남쪽을 향하는데, 바퀴는 북쪽으로 간다는 뜻으로, 목표와 행동이 일치하지 않는 것을 비유하는 말입니다.

옛날 중국 조나라에 계량이라는 사람이 있었는데 그가 어느 날 왕 앞에서 들려준 한 이야기가 이 사자성어의 배경이 되었다고 합니다.

왕이시여, 제가 오늘 여행길을 가고 있었는데, 수레를 타고 북쪽을 향해 가는 상인을 만나게 되었습니다. 그 사람은 저에게 초나라로 가려고 한다고 했습니다. 초나라는 남쪽에 있는데, 왜 남쪽으로 가지 않고 북쪽을 향해 가느

지겹지 않니, **청춘노릇**

냐고 묻자, 이렇게 말했습니다.

"걱정하지 말아요. 제 말은 아주 좋고, 아주 빨리 달린답니다."

저는 그 사람에게 말이 아무리 좋아도 소용이 없다, 왜냐하면 북쪽으로 가면 절대로 초나라에 도달할 수 없기 때문이다라고 가르쳐주었습니다.

그 사람은 제 말이 끝나자 수레 위의 커다란 자루를 가리키며 이렇게 말하더군요.

"걱정하지 마시오. 제 여비는 얼마든지 있어요."

저는 그 사람의 잘못된 생각을 고쳐주고자 여비가 많다고 모든 것을 다 이룰 수는 없으며, 북쪽으로 가면 초나라에 절대로 도착할 수 없다고 거듭 말해주었습니다.

그러자 이번에는 이렇게 말했습니다.

"걱정하지 마시오. 제 마부는 말을 제일 잘 모는 사람입니다."

그는 정말 어리석게도 말이 좋아 빨리 달리고, 여비가 넉넉하고, 말을 잘 모는 마부가 있는 것이 그가 가고자 하는 목적지와 점점 더 멀어지게 한다는 사실을 모르고 있었습니다.

어떻습니까? 수레를 타고 북쪽으로 가던 그 상인이 너무 어리석어 보이지 않나요? '이런 사람이 있긴 한 거야'라고 느낄 정도로 한심하고 답답한 인물로 느껴지지 않나요?

하지만 불행히도 전 오늘날의 청춘들을 보면 자꾸 이 상인과 똑같다는 생각이 듭니다.

'내 인생이 지금 어디로 가고 있고, 어디로 가야 하는지' 혹은 '어떠한 사람이 되고 싶은지'에 대한 충분한 고민 없이 일단 시간을 보내고(길을 가고) 있는 청춘들이 참 많이 보았습니다.

누구도 대신 살아줄 수 없는 자신만의 인생인데, 스스로 가야 할 방향도 제대로 모른 채 사회가 정해놓은 기준에 맞춰 살아가고 있습니다. 일단 고민은 나중에 하고 '토익 점수 따기' '학점 만들기' '어학연수' '공모전 수상' 등을 열심히 해두면 언젠가 내가 원하는 길에 닿을 것이라는 청춘들의 막연한 믿음은 과연 위 이야기에 나오는 상인의 어리석은 믿음과 얼마나 다를까요.

청춘들에게 물었습니다.
"열심히 여행중이군요. 어디로 가고 있습니까?'"
그랬더니 청춘들이 대답했습니다.

"네, 아직 찾고 있는 중입니다."

그래서 다시 물었습니다.

"그럼 목적지도 없이 일단 열심히 가는 것인가요?"

청춘들이 대답합니다.

"네, 제게는 훌륭한 말(토익 점수)과 충분한 노잣돈(학점), 그리고 길을 잘 아는 마부(학벌)가 있으니 언제든지 목적지를 바꾸어도 된답니다."

깜짝 놀라 다시 이야기했습니다.

"혹시 정말 가고 싶은 곳이 생겼는데, 지금 아무렇게나 가고 있는 이 길과 정반대에 있다면 돌아가기에는 너무 늦지 않을까요?"

청춘 여러분, 어디로 가고 있습니까?

아니 그 전에, 갈 곳은 정하셨나요?

비전을 말하라!
Tell a Vision!

CHAPTER 2

청춘 여러분,
혹시 인생을
표절하고 있진 않나요?

‘어쩌면 내 인생은 다른 사람들과 다를 거야. 더 빛나고 희망
찰 거야. 멋지게 살 거야’ 하는 막연한 기대, 어린 시절에 한 번
쯤은 마음에 품어본 적이 있을 것입니다. 저 또한 그랬습니다.
제가 고등학교 시절 ‘Why not change the world’라는 문구에
가슴이 뛰었던 것도 제가 가지고 있던 인생에 대한 어렴풋한
희망이 이 문구와 맞닿았기 때문입니다.

우리 사회만큼 자녀들을 향한 사랑이 각별한 나라가 있을까
요? ‘넌 잘될 거야’ ‘넌 성공할 거야’ ‘넌 특별해’ 등등 사랑과
희망이 가득 담긴 말을 부모로부터 듣고 자란 아이들은 아주
어린 시절부터 스스로에 대한 자긍심과 미래에 대한 희망을 가
지게 됩니다. 대여섯 살밖에 되지 않은 유치원생들도 “너 꿈이

뭐니?” 하고 물어보면 망설임 없이 자신 있게 이야기합니다.

“저는요, 이다음에 커서 ○○○이 될 거예요. 우리 엄마가 열심히 하면 될 수 있다고 했어요.”

대한민국에서 유년기를 보낸 사람이라면 누구나 불러봤을 동요 중에 〈텔레비전에 내가 나왔으면〉이란 곡이 있습니다.

“텔레비전에 내가 나왔으면 정말 좋겠네, 정말 좋겠네.”

이 경쾌한 장조의 동요를 부르면서 우리는 막연히 희망했습니다. ‘언젠가 내가 어른이 되면 텔레비전에 나올 만큼 아주 흥미롭고 멋진 삶을 살 거야.’

어떤 학회에서 일정 수의 국내 아동에게 자신의 미래에 대한 주제를 주고 그림을 그리라고 했더니 무려 90퍼센트가 넘는 아동들이 밝은 계열의 색으로 자신의 꿈을 그렸다고 합니다. 어린 시절, 우리가 그리는 미래가 얼마나 밝고 희망찬지를 보여주는 방증이라고 하겠습니다.

하지만 이 기대가 깨어지기까지는 그리 많은 시간이 필요하지 않습니다. 학교에 들어가자마자, 우리는 속해 있는 반에서 몇 등인지로 평가되기 시작합니다. 중학교를 거쳐 고등학교에 가면 성적이 나의 미래에 어떤 영향을 줄지를 보다 정확하게 인지하게 됩니다. 내 꿈의 크기가 내 성적과 비례하게 되는 것이지요. 이는 기성세대가 보내는 일종의 협박성 메시지로 인한 것이기도 합니다.

"너 공부 안 하면 나중에 고생한다."

"너 서울에 있는 대학 못 가면 나중에 취직 못 한다."

이런 식의 무서운 말들이 우리가 가지고 있던 기대에 금을 내기 시작합니다. 어떤 사람들은 아무리 노력해도 성적이 오르지 않는 자신을 보면서 '어쩌면 사회는 타고난 자들의 것이고 내가 가진 희망도 그들만의 것'이라는 생각에 좌절했을 것입니다.

그래도 학창 시절에는 희망이 있었습니다. 졸업만 하면, 수능만 끝나면, 성인만 되면 이 지긋지긋한 경쟁에서 벗어나 나만의 인생을 내가 결정하며 살 수 있을 것이라고 생각했습니다. 대학만 가면 드라마 속 주인공처럼 내가 세상의 주인공이 되어 내가 좋아하는 일을 하며 자유롭게 살아갈 수 있을 것이라는 희망이 가슴 한복판에 자리 잡고 있었습니다.

하지만 얼마 지나지 않아 우리는 더 큰 장벽을 맞닥뜨립니다. 끔찍했던 입시전쟁과는 또다른, 어쩌면 더 무시무시한 새로운 경쟁이 시작됩니다. '경제위기와 취업난'이라는 사회적 압박이 다시 청춘들의 자유를 빼앗아가는 것이죠. 더욱이 이 경쟁은 학창 시절과는 비교되지 않을 만큼의 무게로 우리를 짓누릅니다. 왜냐하면 주위의 재촉이나 압박은 둘째치고 당장 눈앞에 졸업하고도 갈 곳이 없는 선배들의 슬픈 현실이 펼쳐져 있거든요.

그래서 과거에는 선생님이나 학교가 시켜서 했다면, 이제는 스스로 이 경쟁에 뛰어들게 됩니다. 정확히 말하면 저마다의 가슴에 자리 잡은 '도태되는 것에 대한 두려움'이 목적 없는 이 새로운 경쟁으로 이끌고 있는 것입니다. 요즘은 갓 스무살이 된 대학 신입생들도 이렇게 이야기합니다.

"취업이요? 지금부터 준비해야죠, 학점도 높이고, 공인영어 점수도 따고, 어학연수도 한 번은 가야 하고, 지금부터 준비해도 늦어요. 고등학교 때부터 스펙을 쌓는 애들도 있는걸요."

2013년 한 조사에 의하면 요즘 청춘들이 대학 졸업에 걸리는 시간은 평균 5년이고, 졸업을 앞둔 대학생 중 59.4퍼센트가 취업 때문에 휴학을 하거나 졸업을 미룬 경험이 있다고 합니다. 그리고 그 학생들의 대다수가 이 기간을 통해 스펙 쌓기(취업 준비)에 올인한다고 합니다.

어린 시절 우리가 꿈꿨던 희망찬 미래, 신나는 나의 인생은 온데간데없고 청춘들은 지금 사회가 요구하는 기준을 따라가

우리 모두는
인생이라는 글을 쓰는 작가입니다.
하루 24시간이라는 원고지를
어떤 내용으로 채워갈지 정하는 것은
우리에게 주어진 유일하면서도
가장 공평한 자유입니다.

기에 급급한 채 하루하루를 흘려보내고 있습니다.

•

　글을 쓰는 작가는 저마다의 상상과 기준으로 창작을 합니다.
그리고 그렇게 쓰인 글을 가리켜 우리는 '누구누구의 이야기'
혹은 '누구누구의 책'이라고 부릅니다. 하지만 만약 어떤 작가
가 타인의 상상을 베끼고 타인의 기준으로 글을 썼다고 하면
어떨까요? 아마도 우리는 이렇게 이야기할 겁니다.
　'김○○ 씨의 표절 사건'.
　우리 모두는 평생 단 한 번밖에 주어지지 않는 인생이라는
글을 쓰는 작가입니다. 누구에게나 똑같이 주어지는 하루 24시
간이라는 원고지를 어떤 내용으로 채워갈지 정하는 것은 우리
에게 주어진 유일하면서도 가장 공평한 자유입니다.
　하지만 우리의 청춘들은 언제부터인가 자신의 상상과 기준
이 아닌 사회가 요구하는 기준과 상상으로 자신의 시간을 채워
나가고 있습니다. 인생의 가장 푸른 시절을 보내야 할 청춘들
이 기업이 정해준 스펙과 사회가 요구하는 점수를 채우기 위해
자신의 인생을 두려움으로 써내려가고 있습니다.

　자신의 이야기가 아닌 타인이 정해준 기준과 상상으로 채워 가는 인생 이야기. 네, 그렇게 오늘날의 청춘들은 자신의 삶을 '표절'로 가득 채우고 있습니다.

●

　한 기업의 CEO로 있으면서 저는 꽤 많은 청춘들의 이력서를 읽어볼 수 있었습니다. 열정과 도전으로 쓰인 수많은 청춘들의 이야기를 접할 수 있다는 것은 그 자체만으로도 큰 축복입니다. 같은 청춘으로 자극을 받기도 하고, 제 자신을 돌아보기도 할 수 있으니까요.

　하지만 요 근래 지원자들의 글에서 저는 더 이상 어떠한 감흥도 느끼지 못합니다. 청춘들의 이야기가 언제부터인가 모두 엇비슷하고 식상해졌기 때문입니다. 그들은 자신을 '영어 점수와 학점, 인턴십과 해외 연수' 같은 뻔한 기준으로만 설명합니다. 세상을 바꾸어가겠다는 미래에 대한 희망을 이야기하면서도 자신만의 꿈과 신념은 쏙 빠져 있습니다. 대신 그 자리에 획일화된 기준의 스펙만이 자리 잡고 있습니다. 표절도 이런 표절이 없는 것이지요.

청춘의 가슴에 확실한 꿈이 담기면
삶이 달라집니다.
가치 있어지고 즐거워집니다.

어떻게 하면 우리 자신의 삶을 살아갈 수 있을까요?

어떻게 하면 우리가 희망하는 나만의 이야기를 쓸 수 있을까요? 어떻게 하면 텔레비전에 나올 법한 흥미롭고 행복한 이야기로 내 인생을 채울 수 있을까요?

그런데 여기서 잠깐, 대체 왜 마음에 자신만의 꿈을 품어야 할까요? 청춘에게 확실한 비전이 왜 중요할까요? 자신만의 이야기를 쓰는 것이 왜 가치 있을까요?

저는 그 이유를 구구절절 설명하기보다는 잠시, 저와 제 친구들 이야기를 소개하려고 합니다. 지극히 평범했던, 아니 방황 속에서 살았던 청춘의 가슴에 확실한 꿈이 담겼을 때 삶이 어떻게 달라지는지, 얼마나 가치 있어지고, 즐거워지는지 이야기해보려고 합니다.

저의 대학 시절은 3, 2, 1이라는 숫자로 압축할 수 있습니다. 바로 3번의 전공 변경, 2번의 학사 경고, 그리고 하나의 하고 싶은 일을 간직했던 시간이었거든요.

저는 대학 4년 동안 세 번이나 전공을 바꿨습니다. 최종 전공이었던 경영학을 선택하기까지 저는 국제학을 기웃거리기도 했고, 경제학과에서 두리번거리기도 했습니다. 혹시 법학 쪽이 나와 맞지 않을까 하여 관심을 가져봤지만 역시 답을 찾지 못했고, 혹시 디자인에 재능이 있을까 싶어 디자인 공부를 한 학기 이상 한 적도 있었죠. 그렇게 목표를 정하지 못하고 방황의 시간을 보내다가 3학년 2학기가 되어서야 전공을 선택할 수 있었습니다. 남들은 이미 자신의 전공에 대해 어느 정도 전문성을 갖고 있을 시기가 되어서야 저는 겨우 전공을 선택할 수 있었던 것이지요. 시스템과 경쟁이라는 키워드로 보았을 때, 저만큼 뒤처진 학생도 없었습니다.

설상가상이라고 그렇게 방황한 시간이 준 제 학점은 2.6이었습니다. 대기업 S전자에 응시하기 위한 최소 조건이 3.0이니 저는 아예 지원 자격조차 되지 않는 학점의 소유자였습니다.

어디 그것뿐인가요. 최종 졸업 전까지 저는 두 번이나 학사경고를 맞았습니다. 제가 졸업할 당시 한 기사에서 대기업 1차 합격자의 평균 학점이 3.8이라고 했던 기억이 납니다. 그 점수를 기준으로 저를 평가하면 참 무능하고 한심한 학생이었습니다. 대학 시절 교수님들에게 가장 많이 들었던 말 중 하나가 "준희는 공부 안 하니?"였으니 제가 얼마나 시스템이 원하는 기준에 미치지 못하는 학생이었는지 상상이 되시나요?

그런데 그런 저에게도 '마케팅'이라는 하고 싶은 일이 생겼습니다. 3학년이 되어서야 겨우 선택하게 되었지만, 늦게 찾은 만큼 제가 하고 싶은 이 분야를 참 열심히 공부했습니다. 누가 말하기를 최선이라는 것은 자신이 자신을 감동시킬 수 있을 때 쓸 수 있는 말이라고 했는데, 돌아보면 저는 그 최선이라는 기준에 어느 정도 닿아 있지 않았나 생각합니다.

대체 어느 정도였기에 스스로 감동할 지경이었냐고요? 제 이야기를 한번 들어보세요.

●

저는 대학 3학년 시절 접하게 된 마케팅이라는 분야에 깊은 흥미를 느껴 내 인생의 첫 전공으로 선택하기로 결정했습니다. 하지만 문제는 딱히 이 분야에 대해 깊게 공부할 수 있는 여건이 주어지지 않았다는 것이었지요. 당시 4학년을 코앞에 두었던 제가 다시 1학년 수업부터 들어갈 수도 없었고, 늦깎이 고학년을 앉혀놓고 차근차근 처음부터 가르쳐줄 주변인들도 마땅히 없었습니다.

그래서 저는 혼자서라도 한번 해보기로 했습니다. 스스로 선택한 저의 첫 번째 전공인데 쉽게 포기할 수는 없었으니까요. 그래서 3학년 2학기가 시작되던 9월쯤 학교 도서관을 찾아가서는 수많은 마케팅 책들 중에서 필립 코틀러의 『미래형 마케팅』이라는 책 한 권을 꺼내 들었습니다. 그 책을 고른 특별한 이유는 없었습니다. 그저 제 눈에 들어온 서적 가운데 가장 깨끗한 책 중 하나였거든요.

책을 들고 독서실로 올라갔습니다. 그리고 그때부터 저는 책의 머리말부터 시작해서 마지막 마침표까지 쉴 새 없이 베끼기 시작했습니다. 쓰다가 이해되지 않는 문장은 외울 때까지 반복해서 쓰곤 했습니다. 낯선 단어가 나올 때면 인터넷 검색을 통해 그 단어의 배경지식을 모두 섭렵했습니다. 그렇게 한여름에 시작한 저의 '베끼기 생활'은 찬바람이 부는 겨울까지 계속되었습니다. 화장실 가는 시간조차 아까워할 정도로 마케팅에 관한 신념에 푹 빠져 지냈습니다.

수업은 어떻게 했냐고요? 네, 물론 한 학기 동안 어떤 수업에도 들어가지 못했습니다. 몇몇 친구들이 찾아와 앞으로 수업을 더 빠지면 학사경고를 당할 것이라고 했지만, 그들의 충고도 당시 저의 몰입을 막을 수는 없었습니다. 사회적 기준에 뒤처지고 있다는 막연한 불안함이 엄습해올 때도 저는 탐구를 멈추지 않았습니다.

그렇게까지 할 수 있었던 원동력을 굳이 찾자면 그것은 다름 아닌 '제가 선택한 전공'이었기 때문입니다. 비록 늦긴 했지만, 다른 친구들처럼 수능 성적에 맞추어 결정한 것도, 부모님이 결정해준 것도, 당시 트렌드에 맞춰 새롭게 뜨는 학문도 아니었습니다. 순수하게 제 흥미와 적성을 찾아 돌고 돌았던 긴 사색의 시간을 통해 스스로 결정한 저의 첫 전공이었지요.

저의 무모했던 책 베끼기가 마무리되어갈 때쯤 저는 지금까지 쌓은 지식을 실전에서 테스트해보고 싶었습니다. 그때 문득 영화 〈바람의 파이터〉가 생각났습니다.

영화는 최배달이라는 무술가의 일대기를 다루었습니다. 주인공 최배달이 '극진 가라테'를 연마해 전국 각지의 도장道場을 돌아다니며 고수들을 제압하는 내용이었지요. 최배달은 무작정 도장을 찾아가 자신의 실력을 테스트해보겠다는 목적으로 그곳의 일인자와 승부를 하고 자신이 이기면 도장의 현판을 깨고 나옵니다. 그리고 혹 승부에서 지게 되더라도 피나는 연습을 통해 이길 때까지 도전합니다.

지금 생각하면 우습지만, 그때 저는 영화 속 최배달처럼 전국을 돌며 '도장 깨기'를 해야겠다고 생각했습니다. 무슨 이야기냐고요? '도장 깨기'의 마음가짐으로 마케팅에 있어서는 그 누구에게도 지지 않겠다고 결심하고 저만의 도전을 시작하기로 한 것이죠. 마침 제가 찾아가지 않아도 전국의 대학생 고수들이 자발적으로 모이는 곳이 있더군요. 바로 전국 규모의 마케팅 공모전이었습니다. 당시에는 정부 기관이나 대기업 주최로 전국 대학생들을 대상으로 하는 공모전이 유행이었는데, 이런 대회에서 수상하게 되면 그 개인은 물론 학교에도 큰 영광이었기에 전국에서 이 분야에 관심이 있거나 한 실력 하는 친구들이 자발적으로 참여하고 있었습니다. 바로 저에게는 1년에도 몇 번씩 '무술 대련'이 열리는 셈이었지요.

그렇게 이듬해 1월 한 기업에서 주최한 전국 마케팅 공모전에 도전장을 제출했고, 당시 세일즈 프로모션 전략 분야에 참여한 1000개 팀을 제치고 1위를 차지했습니다. 아무리 생각해도 운이 좋았지만, 그나마 차이점을 찾는다면 그 친구들은 '수상을 하고 싶었고' 저는 목숨 걸고 '무술 대련'을 했다는 것이지요. 그렇게 저는 최종 졸업 전까지 1년 반의 시간 동안 16번 무술도장을 찾았고, 13번 도장 현판을 깨고 나오게 되었습니다.

실력을 쌓는 것에 관심 있는 무술인에게 어제의 승리나 1등이라는 숫자는 큰 의미가 없습니다. 타인과의 승부보다는 어제의 자신과의 승부가 더욱 중요한 것이지요. 그래서 저는 이 도장 깨기에 주최 측에서 정해주는 룰이 아닌 저만의 룰을 몇 개 더 추가했습니다. 그리고 도장 깨기를 반복하면서 나만의 규칙을 더욱 혹독하게 설정했습니다.

'만약 내가 졸업하고 사회에 나가게 되면 이렇게 편안하게 기획서를 쓸 수 있는 환경이 주어지지 않을 거야. 어쩌면 지금

실력을 쌓는 것에 관심 있는 무술인에게
어제의 승리나 1등이라는 숫자는
큰 의미가 없습니다.
타인과의 승부보다는
어제의 자신과의 승부가
더욱 중요한 것이지요.

처럼 마음에 맞는 팀원을 고를 권리도 없을 것이고, 충분한 시간도 주어지지 않을 거야.'

그래서 정한 첫 번째 나만의 규칙은 시간이었습니다. 어떤 대회에서 1등을 했던 기획서를 두 달에 걸쳐 준비했다면, 다음 공모전에는 한 달로 준비 기간을 단축했습니다. 그리고 다시 다음 대회에는 보름, 그리고 다음 대회에는 일주일, 그렇게 환경 변수를 바꾸어갔습니다. 군 복무 시절 휴가 나와서 하루 만에 쓴 광고기획서가 수상하는 것을 보고 저는 다른 환경 변수를 찾기 시작했습니다.

이번에는 멤버 수를 바꿔보기로 했지요. 처음 대회에 나갔을 때는 팀원이 네 명이었습니다. 모두가 학교에서 유능한 친구들이었지요. 그래서 다음 대회에는 일부러 세 명이 나갔습니다. 그리고 그다음 대회는 두 명이 준비했습니다. 역시 그 마지막은 혼자 나간 대회에서 도장 깨기를 성공했을 때였습니다.

●

그동안 했던 인터뷰 기사들에 빠짐없이 이 공모전 관련 내용이 실려 있는 걸 보면 '크고 작은 16번의 대회에서 13번을 수

상했다'라는 이야기가 듣는 이에겐 꽤 매력적인가봅니다. 하지만 저는 그 뒤에 숨겨진 저만의 이야기를 가지고 있습니다. 바로 3번의 실패에 대한 이야기입니다.

언젠가 저는 주어진 공모전 주제와 다른 기획서를 쓰고 싶었습니다. 제 생각에는 그 기업이 제시한 주제가 당시 그 기업에는 별로 필요하지 않아 보였거든요. 그래서 제 나름대로 주최 기업의 니즈를 찾고 공모전 주제를 다시 정하여 기획서를 작성했습니다. 그때 저의 목표는 우습게도 이것이었습니다.

'심사위원들이 나의 기획서 때문에 혼란스러워지도록 만들자.'

규칙을 지키지 않는 무술인은 대련장에서 쫓겨나는 것이 당연하지만 한 번쯤 심판진과 관중이 놀랄 만한 경기를 하고 싶었습니다. 어쩌면 그때 저는 반복되던 이 도장 깨기 다음을 바라보고 있었는지도 모릅니다.

저의 무모한 도전은 어떻게 되었을까요? 네, 당연히 떨어졌습니다. 아무런 상도 받지 못했지요. 그런데 놀랍게도 당시 공모전의 결과 발표가 저 때문에 1시간 이상 지체되었습니다. 심사위원장은 최종 발표 전, 저에 대한 언급으로 10여 분을 보냈습니다. 공개로 진행된 결과 발표였기에 그날 행사를 찾은 이들에게 심사위원장이 해명 아닌 해명을 하고 있었습니다. '안준희라는 참가자로 인해 예상보다 결정이 늦어졌으며, 상당한 토론이 있었으나 대회 규칙상 수상을 하지 못하게 되었다'라는 안내였습니다. 그리고 공모전 수상 발표가 끝난 후 생전 처음 보는 심사위원 세 분이 저를 직접 찾아왔습니다. "규정상 어쩔 수 없었지만 학생의 도전에 큰 감명을 받았다, 단연 1등이었다"고 직접 말해주었습니다.

전 그 '도장 깨기'에서 비록 현판을 깨고 나오지는 못했습니다. 하지만 제겐 또다른 성취의 기억입니다. 수상이 목표였다면, 1등을 목표로 했다면, 또 하나의 스펙 쌓기 활동으로 공모전을 준비했었다면, 그 대회에 대한 저의 추억은 실패겠지요. 하지만 동기와 시작이 달랐던 제게는 이전 13번의 수상보다도 값지고 자랑스러운 '저만의 이야기'입니다.

●

한참을 방황했던 저는 4학년이 되어서야 군대를 가게 되었습니다. 그제야 전공에 눈을 뜨게 되었는데, 군대라는 고립된 환경에 처하게 된 것이지요.

훈련소 생활이 조금씩 익숙해지던 어느 날, 한 조교가 저에게 재활용 폐지를 정리하는 일을 시키더군요. 그렇게 조교를 따라 폐지가 잔뜩 쌓인 창고에서 몇 시간 동안 낡은 책들을 정리하게 되었습니다. 그런데 그때 낡은 폐지들 사이로 〈타임Time〉지 한 권이 나오더군요. 아마 휴가를 다녀온 조교들이 보고 버린 것이었을 겁니다.

〈타임〉지를 집어 든 저는 순간 이런 생각이 들었습니다.

'분명 〈타임〉지도 잡지니까 여러 기업의 광고가 실려 있을 거야.'

과거 마케팅 공부에 한창 빠져 있을 때, CF나 지면 광고를 보면서 역으로 그 광고를 기획한 기획자나 기업의 마케팅 의도를 유추하는 연습을 많이 했었는데, 어쩌면 이 잡지를 통해 다시 그 연습을 할 수 있겠다는 기대감이 든 것입니다. 아니나 다를까 천하의 〈타임〉지라도 광고 지면은 많이 있더군요. 뒤에서 지켜보는 조교들 몰래 저는 광고 지면을 한 장씩 찢기 시작했습니다. 그리고 몰래 챙긴 광고 지면을 누가 볼세라 속옷 사이에 꼭꼭 숨겼지요. 그날 밤부터 저는 취침시간마다 조용히 모포를 덮어쓰고는 그 광고 지면을 보면서 저만의 공부를 이어나갔습니다.

'이 기업은 왜 이런 광고를 냈을까?'

'어쩌면 이 기업은 이러한 전략을 가지고 있는지 모르겠어.'

군대 동기들이 사랑하는 연인의 사진을 보며 훈련소의 슬픈 밤을 지새울 때, 저는 미친놈처럼 광고를 보면서 혼자만의 공부를 하느라 밤을 지새웠습니다.

언젠가 저명한 건축학 교수님과 이런 대화를 나눈 적이 있습니다. 학생 시절 그는 건축도면을 그리기 위해 일주일간 꼬박 밤을 새웠고, 지쳐 쓰러질 것 같은 피곤함을 이기고 드디어 끝을 냈다고 했습니다. 그러고는 마침내 잠자리에 들었는데, 실신하다시피 잠에 빠져드는 순간 갑자기 머릿속에 그 도면에서 잘못된 부분 하나가 떠오르더라는 겁니다. 그래서 벌떡 일어나서는 다시 하룻밤을 지새우며 수정을 했다고 합니다. 교수님은 그때 자기가 얼마나 이 전공을 좋아하는지 알았답니다. 그리고 그것이 즐거움을 넘은 사랑이라는 것도 깨달았답니다. 그 열정과 노력에 놀라워하는 저를 향해 교수님이 물었습니다.

"준희야, 사랑하는 전공이 있니?"

저는 그 당시 교수님에게 어떤 대답도 할 수 없었습니다. 전공에 대한 열의도 그다지 없었고 '전공을 사랑한다'는 표현은 상상도 못했었지요. 하지만 훈련병 시절, 모포를 뒤집어쓰고 꼬깃꼬깃 접은 광고 지면을 보던 그때 저는 처음으로 생각하게 되었습니다.

'내가 선택한 이 학문을 나는 정말 사랑하고 있구나.'

노력하는 자는 즐기는 자를 이길 수 없다고 하지요? 저는 이 말에 하나 더 덧붙이고 싶습니다. 즐기는 자도 사랑하는 자는 이길 수 없다고요.

제대를 하고 '도장 깨기'를 계속하던 저는 마지막 도장 깨기에 성공하면서 '대기업 자동 취업'이라는 큰 혜택을 받게 되었습니다. 학점 2.6점짜리가, 변변한 영어 점수 하나 없는 제가 당시 모두가 가고 싶어 하던 대기업에 자동 입사하게 된 것이지요.

●

요즘 저를 찾아오는 학생들은 이런 질문을 많이 합니다.

"대표님처럼 저도 운명 같은 전공을 찾을 수 있을까요?"

그러면 저는 이렇게 대답합니다.

"우리가 어른이 된다는 것은 '이 세상에는 절대 정해진 운명이 없다'는 것을 받아들이기 시작하는 것과 같아요."

마케팅에 전념하기로 결정한 순간 저에게는 어떤 극적인 일

훈련병 시절,
모포를 뒤집어쓰고
꼬깃꼬깃 접은 광고 지면을 보던 그때
저는 처음으로 생각했습니다.
'이 학문을 나는 정말 사랑하고 있구나.'

노력하는 자는 즐기는 자를
이길 수 없다고 하지요?
저는 이 말에 하나 더 덧붙이고 싶습니다.
즐기는 자도 사랑하는 자는
이길 수 없습니다.

도 일어나지 않았습니다. 하늘이 갈라지거나, 눈물이 흐르거나, '이건 운명이다' 하는 어떠한 느낌도 들지 않았습니다. 그냥 흥미로워 보였고, 나의 적성과 조금은 잘 맞겠다는 막연한 생각뿐이었습니다. 그러면 저는 어떻게 마케팅이라는 학문을 제 운명으로 만들고 사랑하게 된 것일까요?

그 비결은 다음과 같은 말로 표현할 수 있습니다.

'좋아함에 열정을 더하면 사랑이 된다.'

호기심으로 시작한 한 분야에 저는 열정을 다했습니다. 누구도 간섭하지 않은 저의 결정, 사회가 요구하는 시기와 속도, 누군가의 기대가 아닌 오직 내가 쓰는 인생에서 내가 공부하고 싶은 나의 첫 전공이었으니 거기에 걸맞은 나만의 열정을 더한 것이지요. 그것이 오로지 제가 결정할 수 있는 유일한 부분이기도 했습니다.

'청춘이 한 분야에 뜻을 세웠다면 그 뜻을 이뤄가는 태도도 청춘다워야 한다'는 생각이 오로지 저의 가슴에 있었을 뿐이고, 어쩌면 제가 이 책에 쓰고 있는 청춘다움의 한 부분일지도 모르겠습니다.

좋아함에 열정을 더하니 사랑이 되어 돌아왔습니다. 두 남녀가 만나 사랑에 빠질 때, 처음에는 낯설어 서로 긴장되고 약간 불편하기도 하지만, 애정을 쏟는 시간이 쌓이게 되면 어느새 그 둘은 세상에서 가장 편한 사이가 되죠. 마찬가지입니다. 제가 뒤늦게 전공을 선택했기에 겪어야 했던 불편함과 어려움을 이기고 지속적인 열정을 다했더니 운명 같은 사랑이 되었습니다.

대학 4년, 저는 세 번이나 전공을 변경할 정도로 진로 결정이 늦었고, 두 번의 학사경고를 받을 만큼 불안정한 학생이었습니다. 하지만 하나의 하고 싶은 일이 있었고, 스스로 선택한 그 하고 싶은 일을 위해 용기를 내어 쏟아붓는 열정이 있었습니다. 그 하나 덕분에 전 오늘 이 자리에 왔고, 더 앞으로 나아갈 것이라고 믿고 있습니다.

나는 나의 이야기를 쓰고 있는가

내 소중한 젊은 날을 위한 특별한 고민

저의 대기업 직장생활은 기대와 달리 그리 기쁘지 않았습니다. 친구들의 부러움과 주위 어른들의 칭찬에 잠시 우쭐해지기도 했지만, 금세 깊은 회의감이 찾아왔습니다. 당시 제가 발령받은 부서는 10~12명 정도의 팀원으로 이루어져 있었는데, 20년 가까이 재직한 부장님도 계셨고, 재직한 지 10년이 되어가는 과장님도 몇 분 있었습니다. 그리고 대부분은 3~5년차 사원들이었지요.

저의 고민은 그들과의 대화 속에서 시작되었습니다. 나름대로 한국 경제의 엘리트라고 하는 그들은 모두가 부러워하는 대기업에서 일하면서도, 누구 하나 자신의 일에 만족하는 사람이 없었습니다. 가끔 팀 회식시간에 선배들에게 지금의 행복과 꿈이 무엇인지 물어본 적이 있었는데, 그들에게서 돌아온 대답은 제가 기대하던 것이 아니었습니다.

"꿈? 행복? 이 자식 어리긴 어리네. 너도 몇 년 다녀봐라. 그런 것이 있을 수 있는지."

쓸쓸한 웃음을 지으며 다시 술잔을 기울이는 선배들을 바라보면서 저는 문득 생각했습니다.

'어쩌면 몇 년 후 나의 모습 또한 저렇지 않을까? 나 역시 미래에 대한 비전도, 일하는 행복도 모른 채 저렇게 살아가진 않을까?'

덜컥 겁이 났습니다. 비록 몇 달 되지는 않았지만, 제가 경험한 기업 구조는 선배들의 대답이 절대 엄살이 아님을 느끼게 해주었으니까요.

당시 제가 일했던 기업에서는 자신의 업무에 대해 소신 있는 발언과 결정을 하려면 과장급 정도는 되어야 했습니다. 그런데 과장급이 되려면 사원과 대리를 거쳐 최소 8~9년은 재직해야 했습니다. 만약 저도 시스템이 요구하는 지침에 따라 착실히 8년을 보낸 후 과장이 된다면 삼십대 중후반이 되어 있겠죠.

길가의 가로등이 눈부시던 퇴근길에 저는 생각해보았습니다.

'모두가 부러워하는 기업에 들어왔는데, 진짜 여기가 모두가

부러워할 만한 곳일까?'

'나만의 이야기를 써내려갔던 대학 시절의 끝이 과연 여기가 맞을까?'

내가 살고 싶은 인생이 그리 거창한 것은 아니지만, 누군가의 기준에 의한 건 아니어야 한다고 생각해왔었는데, 이곳은 또 하나의 주어진 시스템이라는 생각에 깊은 절망감이 들었습니다. 단 한 번밖에 쓰지 못하는 나의 이야기, 그 첫 장을 이렇게 진부하게 채워가고 싶지 않다는 간절함도 들었습니다.

집에 도착하고서도 밤새 이어지던 고민은 동이 틀 무렵 무모한 결정으로 바뀌어 있었습니다.

"이곳은 내가 있을 곳이 아니다."

밤새 몇 번이고 제 결정을 다시 검토하고 검토했습니다. 혹시 첫 사회생활이 힘들거나 적응이 되지 않아서 이런 생각이 드는 것은 아닌지, 지금의 위기를 회피하기 위해 '의미 있는 삶'이라는 명분을 핑계로 스스로를 속이고 있지는 않은지 검증할 필요가 있었습니다.

하지만 그런 의심은 금방 사라졌습니다. 당시 저는 직장에서 표면적으로는 누구보다 밝게 잘 지내고 있었습니다. 사실 매달 놀랄 만큼의 보수와 훌륭한 근무환경에 누구보다 만족하고 있었거든요. 아울러 부서 사람들이 대부분 따뜻하게 대해주서서 사회생활에 적응하는 데 큰 어려움도 없었습니다.

그래서 저는 더 확신할 수 있었습니다. 나의 고민이 현실에서 도피하려는 것이 아니라 참된 인생의 질문이라는 것을요.

●

그렇게 저의 첫 사회생활은 끝이 났습니다. 대부분의 퇴직자가 어느 정도 다음 진로를 준비하고서 회사를 나온다던데, 저는 그 결정을 내린 다음 날 바로 사표를 제출했습니다. 어리기도 했지만, 오로지 이 생각뿐이었습니다.

'내 소중한 젊은 날의 단 하루라도 타인이 요구하는 이야기로 채우지 말자.'

그 후 2년간 저는 제 꿈과 비전을 이뤄가는 데 필요한 곳이거나, 나이나 직급에 상관없이 저의 전문성을 펼칠 수 있는 곳이면 어디로든 옮겨다녔습니다. 기업 규모는 작았지만 나의 노력과 열정을 필요로 하는 곳이면 셈을 하지 않고 어디든지 갔습니다. '나는 지금 주체적인 이야기를 쓰고 있으며, 나는 지금 성장하고 있는가'가 저의 유일한 기준이었습니다. 첫 직장에

내 소중한 젊은 날의
단 하루라도
타인이 요구하는 이야기로 채우지 말자.

비해 보수는 줄어들었지만 저는 그 어느 때보다 행복했고 살아 있음을 느낄 수 있었습니다.

매일 아침 눈을 뜨면서 생각했습니다.

"오늘도 행복하고 아름다운 날이다!"

그렇게 보낸 시간은 저에게 많은 선물을 안겨주었습니다. 대기업에서 또래 나이들이 경험할 수 있는 세상의 크기야 다 거기서 거기지만, 스스로 인생을 결정하는 청춘이 경험하는 세상은 매우 넓고 흥미로웠습니다. 다양한 분야의 전문성은 기본이었고, 다양한 분야의 사람들과의 만남을 통해 여러 각도에서 세상을 바라보는 관점도 가지게 되었습니다.

주어진 일이 아닌, 늘 무엇인가 스스로 찾아서 하는 것에 익숙한 제가 새롭게 다가올 '스마트 혁명'을 예측하는 것은 그다지 어렵지 않았습니다. 핸드스튜디오를 창업하기 전 마지막으로 제가 몸담고 있던 곳은 IT기업이었는데, 그곳에서 저는 스마트폰을 시작으로 새로운 삶의 변화가 찾아오리라는 걸 감지할 수 있었습니다. 그리고 용기를 내어 머지않은 미래에 펼쳐질 새로운 혁명을 이끌자는 마음으로 지금의 핸드스튜디오를 창업하게 되었습니다.

청춘이라는 이름에 부끄럽지 않은 최고의 시간들
자신만의 이야기를 쓴 친구들이 받는 보상

무엇보다 꿈과 소신을 좇았던 2년의 시간이 가져다준 최고의 선물은 저와 같이 '자신만의 이야기를 쓰고자 하는 동료들'을 만났다는 것입니다.

사람은 끼리끼리 모인다지요? 자신의 인생을 주체적으로 이끌어가는 친구들을 만날 때면 저는 왠지 가슴이 뛰었고, 그런 친구들과 이야기하는 시간이 더없이 소중하고 즐거웠습니다. 그렇게 뜻이 맞는 친구들 중 IT 관련 일을 하던 몇몇 친구들에게 조심스럽게 제안을 했습니다.

"이제, 우리의 주체적인 인생을 조금 더 구체화해보자."

저와 처음 핸드스튜디오를 설립하기로 결정한 홍윤선이라는 창업자에게 제 생각을 나눌 때에도 저는 이 사업을 통해 돈을 많이 벌 것이라든지, 성공을 하고 싶다는 등의 이야기는 하지 않았습니다. 오로지 멋진 기업을 주체적으로 만들고 싶다는 청춘의 마음을 나눌 뿐이었습니다. 그런데 이야기를 듣던 그가 저와 함께하기로 결정했습니다.

성격도 다르고 삶의 방식도 달랐지만 인생을 살아가는 태도, 사회가 요구하는 기준이 아닌 자신의 의지로 자신의 인생 이야기를 채워가고 싶다는, 뜻을 세우고 주체적인 이야기를 써보자는 그 청춘의 마음이 맞닿았기 때문입니다.

'내일 망하게 되더라도 오늘 우리는 즐겁고 행복해야 한다'는 기업 철학은 아마 이 회사를 함께 시작한 청춘들의 인생 태도에서 비롯된 것인지도 모르겠습니다. 어쨌든 우리는 이렇게 조금은 다른 기준과 삶의 목표를 가지고 핸드스튜디오를 시작했고, 아무도 가지 않은 길을 3년간 걸었습니다.

●

자, 자신만의 이야기를 써내려가고 싶었던 청춘들이 함께 모여 걸은 그 길의 끝은 어디로 이어졌을까요?

서두에서 어린 시절에 갖는 총천연색의 꿈을 설명하며 이야기했던 〈텔레비전에 내가 나왔으면〉이라는 동요를 기억하시죠? 네, 언제부터인가 우리가 텔레비전에 나오기 시작했습니다. 구체적으로 말하자면, 3년이 지난 지금 우리는 텔레비전에 나올 만큼 주위의 기대와 관심을 한 몸에 받는, 꽤나 '궁금한' 청춘들이 되었습니다. 우리에게 늘 자신만의 기준을 요구하던 기성세대와 사회가 오히려 우리에게 다음 사회에 대한 기준을 묻고 있습니다.

저는 겨우 서른이라는 나이에 주요 대학교가 즐겨 찾는 강연자가 되었습니다. '서울 대전 대구 부산 광주' 하는 어느 유행가 가사처럼 전국 팔도를 돌아다니는 유명 강사가 된 것입니다.

재미있는 것은 저희가 의뢰한 적도 없는데 주요 방송사에서 우리를 취재하러 오더군요. 동요 가사처럼 정말 텔레비전에 나오게 된 것입니다. 핸드스튜디오는 청년 창업자들이 만든 기업답게 사업 분야 또한 당시 아무도 가지 않은 스마트 텔레비전이라는 분야로 시작하게 되었는데, 3년이 지나면서 제가 스마트 텔레비전 업계의 주요 인물이 되었습니다.

저는 대기업이 맞지 않아 뛰쳐나왔는데, 국내외 유명 대기업 임원들이 '스마트 텔레비전을 통한 기업 브랜드 전략'이라는 강의로 저를 초대하기 시작하더군요. 어린 시절 드라마에서 봤던 장면처럼 외국의 대기업 사장도, 심지어는 IT의 본고장이라고 할 수 있는 미국에서도 우리 회사를 직접 찾아와 우리 기술을 배우게 되었습니다.

위에서 언급했듯 청춘다운 삶의 태도는 기업의 정신이 되었고, '오늘이 행복한 기업'은 회사의 조직문화가 되었습니다. 사회에 소개되면서 구성원이 마흔 명도 채 되지 않는 회사는 웬만한 대기업 못지않게 수많은 팬을 가진 존경받는 기업이 되었습니다.

저만 이렇게 된 것일까요? 제가 이 회사의 대표니까요?

아닙니다. 저와 같이 자신만의 이야기를 쓰기로 결정한 저의 동료들 역시 모두 뜻깊은 선물을 받게 되었습니다.

●

저와 함께 핸드스튜디오를 창업한 홍윤선이라는 친구는 그사이 스마트 텔레비전 앱 개발의 전문가가 되었습니다. 대기업으로 치면 이제 겨우 대리라는 직함을 달았을 나이인데, 그는 벌써 10명의 후임을 둔 개발팀장입니다. 아무도 가지 않은 길을 용기 있게 선택하고 소신을 가지고 꾸준히 연구해온 노력의 결과입니다. 그는 지금 텔레비전 앱 개발과 관련해 명실공히 업계 최고의 전문가가 되었고, 핸드스튜디오보다 몇십 배, 몇백 배는 더 큰 규모의 대기업에 개발론에 대해 강의하러 다니고 있습니다. 그의 팀원들은 그를 상사가 아닌 스승으로 여깁니다. 개발팀 직원들에게 이 회사를 선택하게 된 동기에 대해 물어본 적이 있는데 그중 몇몇이 답하기를 '업계 최고 실력자, 홍윤선이라는 개발팀장이 있기 때문이다'라고 하더군요.

대학 졸업 후, 장교로 군복무를 마치고 초기 핸드스튜디오의 디자인팀장이 된 이영원이라는 친구가 있습니다. 책상 다섯 개로 시작한 가난한 벤처기업, 핸드스튜디오에 용기 있게 와서 스마트 디바이스에 최적화된 UX와 GUI가 어떠해야 하는지를 3년 동안 열심히 고민하고 도전한 친구입니다. 새로운 환경에 맞는 디자인 방법론도, 제대로 된 교과서도 하나 없던 시절에 직접 만들고 실패하고 다시 배우면서 포기하지 않고 자신이 좋아하는 일을 쫓아간 친구입니다. 그 친구가 이젠 업계 최고의 전문가가 되었습니다.

고객들로부터 제가 가장 많이 받는 칭찬이 '핸드스튜디오의 디자인은 탁월하다'입니다. 핸드스튜디오의 모든 디자인 정신이 이 친구의 노력으로부터 기인한 것이니 제가 듣는 칭찬은

이 친구의 몫입니다. 작년부터는 디자인 분야의 여러 언론 매체에서 앞다투어 그의 디자인 철학과 방법론을 소개하고 있으니 명실공히 이 분야의 전문가가 된 것이 맞지요?

글로벌 시장을 지향한 핸드스튜디오에는 글로벌 감각을 갖춘 도전적인 기획자가 필요했습니다. 그때 떠오른 사람이 당시 고등학교 영어교사로 재직하던 곽낙영이라는 대학 후배였습니다. 딸을 둔 부모님들이 선호하는 직업을 갖고 있는 후배에게 저는 무모한 제안을 했습니다.

"비록 지금은 아무것도 없는 벤처이지만 여기에서 우리만의 뜻깊은 삶을 살아보지 않을래?"

그런데 그 친구는 흔쾌히 그러기로 결정했습니다. 반복되던 무료한 일상 대신 도전적이고 흥미로운 삶을 살기로 결정한 것이지요. 그렇게 핸드스튜디오에 입사한 그 친구의 첫 직함은 '스마트 콘텐츠 기획자Smart Contents Planner'였습니다. 당시 업계에는 존재하지도 않았던 생소한 직함이었지요.

하지만 지금은 어떻게 되었을까요? 3년 전 그녀가 만들어낸 최초의 직업은 지금 가장 인기 있는 새로운 직업이 되었습니다. 얼마 전 구글Google에서 수백 명 규모의 콘텐츠 기획자를 신규 채용할 정도로 사회에 정식으로 자리 잡은 직업이 되었지

우리는 오늘도 질문합니다.
'오늘 나는 즐거운가'
'오늘 나는 나만의 이야기를 쓰고 있는가'

누군가의 가슴을 뛰게 하는
그런 이야기를 쓰는 것,
인생을 대하는 우리의 유일한 기준입니다.

요. 최근 핸드스튜디오도 콘텐츠 기획자 채용 공고를 냈는데, 1명 채용에 몇백 명이 몰릴 정도로 큰 인기를 끌었습니다. 이제 겨우 스물아홉인 그녀가 콘텐츠 기획자라는 직업에서 최고의 경력자가 되었습니다. 고등학교 교사였던 그녀가 지금은 고등학생과 대학생이 꿈꾸는 직업의 최고 전문가가 된 것이지요.

●

지난 3년 동안 핸드스튜디오는 식구가 늘었습니다. 사회가 정해준 기준이 아닌 자신만의 성공 이야기를 쓰겠다고 결정한 마흔 명의 청춘이 모여 도전을 계속 이어가고 있습니다. 평균 연령 28세의 젊은 청춘들이 최초의 길, 최고의 길을 걸으며 매일 스스로의 하루를 의미 있게 써내려가고 있습니다.

우리는 오늘도 질문합니다. 처음 핸드스튜디오를 시작했던 그때처럼 말입니다.

'오늘 나는 즐거운가?'

'오늘 나는 나만의 이야기를 쓰고 있는가?'

누가 들어도 흥미롭고 즐거운 이야기, 누군가의 가슴을 뛰게 하는 그런 이야기를 쓰는 것이 인생을 대하는 우리의 유일한 기준입니다.

우리는 단 한 번도 지금의 결과를 목표로 인생을 살아오지 않았습니다. 오히려 회사를 향한 주위의 뜨거운 반응이 어색하고 놀라울 뿐이지요. 우리는 다만 마음의 소리를 따라갔을 뿐입니다. 다른 말로 표현하면 인생을 종이 한 장(이력서)으로 설명하기 싫었을 뿐입니다. 청춘이라는 새로운 챕터, 그 첫 이야기를 누구나 쓰는 진부한 소재로 채우기가 싫었을 뿐이지요. 좋은 기업에 가서 주어지는 시스템에 따라 경력을 쌓고, 결혼을 하고 가정을 이룬 다음 대리가 되고 과장이 되는, 그런 진부한 이야기는 우리의 흥미를 끌지 못했습니다.

모든 사람에게 주어지는 인생이라는 원고지를 우리는 스스로 결정한 이야기들로 채우고 싶었고, 그 마음의 소리를 따라 그대로 행동했을 뿐입니다. 이러한 선택에서 유일하게 필요한 것이 있었다면, 기성세대나 세상이 정해주는 기준으로 살지 않겠다는 용기뿐이었습니다.

용기를 낸 결정 뒤에는 매일매일이 보람되고 청춘이라는 이름에 부끄럽지 않을 만큼의 최선을 다하는 것, 그것만이 유일한 관심사였습니다. 아마 앞서 제가 언급한 여러 가지 사회적 관심과 결과가 없었더라도 우리는 여전히 생기 있고 행복했을 것입니다.

　저는 믿고 있습니다. 비전이란, 직업이 아니라 내가 걸어가는 삶의 태도, 내가 써내려가는 삶의 이야기 전체라고요. 그래서 비전은 타고난 형편과는 상관없이 누구나 소유할 수 있고 또 누구나 이룰 수 있다고 말입니다. 어떠한 삶을 살아갈 것인지에 대한 결정은 우리 모두 스스로 할 수 있습니다.

제가 퀴즈 하나를 내보겠습니다.

이사람은 누구일까요?

네, 맞습니다. 우리가 잘 아는 배트맨이지요.

너무 쉬웠나요? 그럼 다음의 인물도 한번 맞혀보세요.

이 역시 너무 쉬운가요? 그렇습니다. 바로 전 세계인들이 사랑하는 히어로 슈퍼맨입니다. 혹시 너무 쉬운 문제를 낸 저를 탓하고 있지는 않나요?

그럼 이번에는 조금 어려운 문제를 내겠습니다. 이 사람은 누구일까요?

네, 맞습니다. 스파이더맨이지요.

그럼 여기서 하나만 더 묻겠습니다. 여러분은 어떻게 이 영웅들의 얼굴을 보지도 않고 누구인지 척척 맞힐 수 있었나요? 네, 그들의 가슴에는 바로 그만이 가지고 있는 독특한 심벌이 있기 때문이지요. 다른 히어로도 마찬가지입니다. 우리가 너무나도 좋아하는 아이언맨이나, 미국 영웅의 상징 캡틴아메리카도 떠올려보세요. 그들 또한 가슴에 그들만의 심벌을 가지고 있습니다.

S자만 보아도 그 사람이 슈퍼맨인 것을 알고, 박쥐 문양만 봐도 배트맨인 것을 아는 것은 각 영웅마다 가진 고유한 상징 때문입니다. 우리는 영웅들의 가슴에 새겨진 심벌을 통해 그가 어떤 영웅인지, 어떤 일을 하는 사람인지, 심지어는 그가 어떤 이야기를 가진 사람인지도 알 수 있습니다. 모든 영웅들의 가슴에는 그만의 이야기와 가치가 새겨져 있으니까요.

얼마 전, 저는 어린 조카들이 슈퍼맨이 나오는 애니메이션을 시청하는 것을 본 적이 있습니다. 텔레비전에서는 슈퍼맨이 악당을 무찌르기 위해 출동하는 장면이었는데, 주위의 시선을 피해 공중전화 부스로 들어간 슈퍼맨은 자신의 옷을 찢었고, 그 찢어진 옷 사이로 S라는 심벌이 드러나고 있었습니다. 그런데 그때, 어린 조카들이 환호성을 지르면서 뛰기 시작했습니다.

“와! 슈퍼맨 출동한다!”
영웅의 활약상을 기대하는 조카를 보면서
영웅의 또다른 정의를 알게 되었습니다.
‘사람들을 기대케 하고 흥분시킬 만큼
매력적인 이야기를 가진 자’라는 것을요.

"와! 슈퍼맨 출동한다!"

그러고는 거실을 뛰어다니며 슈퍼맨 흉내를 내기 시작하더군요. 어른인 저의 눈에는 아직 슈퍼맨은 출동하지도 않았고, 악당을 무찌르지도 않았는데, 슈퍼맨의 S자만 보고도 조카들은 기뻐 날뛰는 것이었습니다. 그때 알게 되었습니다. 조카들은 슈퍼맨의 S자가 나오는 순간 벌써 '곧 슈퍼맨이 악당을 무찌를 것이며, 어려운 사람을 구하는 장면이 나올 것이다'라고 예측한다는 것을요.

심벌을 보고 영웅의 활약상을 기대하는 조카를 통해 저는 '세상을 구하는 영웅들'의 또다른 정의를 알게 되었습니다. 영웅은 단지 놀라운 힘이나 신비한 능력을 가진 자가 아니라, '사람들을 기대로 들뜨게 하고 흥분시킬 만큼 매력적인 이야기를 가진 자'라는 것을요.

●

자, 정리해봅시다. 이 챕터 서두에서 이야기했듯 우리 모두는 어린 시절 저마다 세상의 주인공이 되는 꿈을 간직하고 살았습니다. 어쩌면 이 책을 읽고 있는 지금도 그런 기대가 남아 있는

지 모르겠습니다.

그런데 그런 우리들의 희망과 기대가 기성세대와 사회가 요구하는 기준과 틀 속에 갇혀 점점 빛을 잃어가고 있습니다. 오늘날의 청춘들은 청춘이라는 이름에 걸맞지 않은 부끄러운 하루하루를 보내고 있습니다.

내가 살아가는 세상에 내가 주인공이 되어야 하는 것은 당연합니다. 아울러 잘못된 세상을 바꾸는 그 현장의 주인공이 되고 싶다는 바람은 청춘이라면 포기할 수 없는 우리의 희망입니다.

그러면 여러분에게 묻고 싶습니다.

세상을 바꾸는 청춘, 세상을 구하는 영웅이 되어야 하는 당신의 가슴에는 무엇이 있습니까? 우리가 살펴본 영웅들처럼 누군가를 기대하게 하고 흥분시키는 삶의 이야기, 당신만의 심벌이 과연 당신의 가슴에도 있습니까?

영웅들은 절대 이력서를 쓰지 않습니다. 배트맨이 오늘날의 이력서 형식에 맞추어 자신의 이야기를 온전히 쓸 수 있을까요? '나는 어제 몇 명을 구했으며, 악당을 몇 명 무찔렀다'는 내용을 숫자로 기입하면 될까요?

아닙니다. 영웅들의 삶은 절대 오늘날의 사회가 요구하는 스펙과 기준으로 평가될 수 없습니다.

세상을 바꾸는 청춘,
당신의 가슴에는 무엇이 있습니까?
누군가의 심장을 뛰게 할 만한
삶의 이야기, 당신만의 심벌이
과연 있습니까?

세상을 바꾸고자 하는 미래의 영웅으로, 그런 참된 청춘으로 살아가고 싶다면 지금이라도 스펙이 아니라 누가 들어도 흥미롭고 흥분되는 자신의 이야기를 써야 합니다. 꿈을 향해 포기하지 않고 실력 반, 열정 반으로 써내려가는 꿈의 이야기가 여러분에게는 가장 필요합니다.

아시다시피 저는 텔레비전과 관련한 사업을 하고 있습니다. 그래서일까요? 저는 이제 〈텔레비전에 내가 나왔으면〉이라는 노래를 현실로 만드는 방법, 텔레비전에 나오는 방법을 어렴풋이 알게 되었습니다.

어린 시절 꿈꿨던 것처럼, 텔레비전에 나올 법한 흥미롭고 위대한 인생을 살고 싶다면, 잊지 마십시오.

TELEVISION에 나오고 싶다면, TELL A VISION 하십시오.

꿈을, 비전을, 이상을 말하는 것을 두려워하지 마십시오.

한 스승이
젊은이에게
준 선물

한 마을에 자신의 집이 너무 좁아 힘들어하는 청년이 있었다고 합니다.

청년은 어느 날 마을에서 가장 존경받는 선생을 찾아가 물었습니다.

"선생님, 제 집이 너무 좁습니다. 이를 해결해주십시오."

선생이 대답했습니다.

"청년이여, 집 밖에서 키우는 강아지와 고양이를 집 안으로 들여 같이 살게나."

청년은 돌아가 선생이 가르쳐준 대로 행했습니다.

하지만 얼마 되지 않아 집은 이전보다 더욱 좁고 살기 힘들어졌습니다.

청년은 다시 선생에게 찾아가 물었습니다.

"선생님, 제 집이 예전보다 더욱 좁고 생활하기 힘들어졌습니다. 도대체 이를 어쩌면 좋을까요?"

선생이 대답했습니다.

"청년이여, 집 밖에서 키우는 소와 돼지를 집 안으로 들이게나."

청년은 고개를 갸우뚱했지만 선생의 말을 따라 자신의 가축들을 집 안으로 들였습니다. 그리고 금세 청년의 집은 더 이상 사람이 살기 힘들 정도로 비좁은 난장판이 되었지요.

화가 난 청년은 한걸음에 선생을 찾아가 따졌습니다.

"선생님, 저는 분명 당신에게 제 집이 너무 좁은 것을 해결해달라고 했는데, 당신은 나의 집을 더욱 좁게 만들었을뿐더러 이제는 살기 힘들 정도로 난장판이 되었습니다."

이야기를 듣고 있던 선생은 이내 고개를 끄덕이더니 청년에게 말했습니다.

"청년이여 이제 다 되었다네! 이제 집으로 돌아가 그동안 들인 고양이와 강아지, 소와 돼지를 집 밖으로 내보내고 집을 깨끗하게 청소하게나."

청년은 화가 잔뜩 난 상태였지만 '마지막'이라는 말에 한 번 더 그의 말을 듣기로 했습니다.

집에 돌아온 청년은 선생의 말처럼 그동안 함께했던 동물들과 가축들을 모두 내보내고는 더러워진 집을 깨끗하게 청소하기 시작했습니다.

청소가 끝나갈 때쯤 청년은 깜짝 놀랐습니다. 자신의 눈앞에 세상에서 가장 넓고 아늑한 집이 펼쳐져 있었으니까요.

우리의 마음도 이와 같습니다.

더 넓은 생각과 마음을 가진 사람이 되고자 한다면 더 많은 생각과 고민을 당신의 집 안으로 가져오십시오. 더 괴롭겠지만 더 복잡해진 집에서 그냥 그렇게 지내십시오.

그렇게 잎새에 이는 바람에도 괴로워하며 가슴이 터질 듯한 불안을 사랑하며 한 번밖에 주어지지 않는 청춘의 밤을 아껴간다면 당신은 늘 어제보다 넓어진 오늘의 마음을 깨닫게 될 것입니다.

그렇습니다. 지금 우리를 괴롭히고 있는 벅찬 고민과 불안은 어쩌면 더 넓은 마음과 행복을 깨닫게 하는 좋은 계기일지 모릅니다.

더 넓은 생각과 마음을 가진
사람이 되고자 한다면
더 많은 생각과 고민을
당신의 집 안으로 가져오십시오.
더 괴롭겠지만 더 복잡해진 집에서
그냥 그렇게 지내십시오.

다른 생각이 다른 세상을 만든다

CHAPTER 3

청춘 여러분,
어리다고
핑계 대고 있지 않나요?

대학 시절, 친구들과 함께 중국 연변 지역으로 여행을 간 적이 있습니다. 연변이라는 곳은 중국에서도 주로 조선족들이 거주하는 지역인데, 그래서인지 처음 방문한 곳이었음에도 무척이나 익숙한 풍경이었지요. 지나가는 사람들의 옷차림이며, 한글로 쓰인 거리의 간판들, 눈에 들어오는 모든 것들이 한국의 모습과 너무 흡사했습니다. 여기가 외국이라는 생각보다는 마치 타임머신을 타고 20~30년 전의 한국으로 거슬러 올라간 느낌이었지요.

친구들과 저는 다소 번화한 도심을 벗어나 조선족들이 모여 사는 마을로 이동했습니다. 전통문화를 간직해온 조선족들의 생활을 엿보고 싶었기 때문입니다. 그렇게 이름 모를 조선족

마을 여기저기를 둘러보던 중 저희는 우연히 한 골목에서 그 마을의 이장님을 만나게 되었습니다. 낯선 방문객을 이상하게 여겼던 이장님이 저희를 찾아와 먼저 자초지종을 물으셨고, 한국에서 여행 온 대학생이라고 대답했더니 너무나 반갑게 맞아주시더군요. 나중에 알게 된 사실인데 이 마을에는 유달리 한국으로 일하러 간 많은 조선족 주민들이 있었기에, 저희가 한국에서 왔다는 사실 하나만으로도 마냥 반가웠다고 하시더군요. 덕분에 저희는 이장님을 비롯한 동네 주민들의 극진한 환영 속에 그날 식사는 물론 숙소까지 공짜로 해결할 수 있었습니다.

마을에서 머물렀던 사흘 동안 저희는 그들과 함께 밭을 갈고, 함께 먹을 감기도 했습니다. 이 집 저 집을 돌아다니며 그들이 살아가는 이야기에 귀를 기울였지요. 별들이 쏟아지는 밤이 되면 함께 어울려 술잔을 기울이며 노래를 부르기도 했습니다. 그렇게 꿈만 같았던 시간이 지난 후, 저희는 그동안 모든 안내를 전담해주셨던 이장님에게 깊은 감사의 인사를 드렸습니다. 며칠밖에 안 되었는데도 꽤 깊이 정들어서인지, 함께 간 친구는 석별의 아쉬움에 눈물을 흘리더군요.

그때 다른 한 친구가 불쑥 물었습니다.

“이장님, 그런데 혹시 나이가 어떻게 되세요?”

그러고 보니 “이장님, 이장님” 하고 부르면서도 그에 대해 아는 것이 너무 없다는 생각을 했습니다. 이장님은 친구의 질문에 수줍은 듯 뒷머리를 긁적이며 대답했습니다.

“저요? 올해 딱 스물입니다!”

저희는 그의 말에 ‘쿵’하고 큰 충격을 먹었습니다.

앳된 얼굴에 그가 젊을 것이라는 건 어느 정도 예측했지만, 이제 갓 스물이라니요.

그을린 얼굴과 더벅머리에 가려진 탓도 있었지만, 첫 소개부터 그의 직함이 ‘이장님’이었기에 우리는 그가 스무살일 것이라곤 전혀 생각하지 못했지요

“그러면 저희랑 동갑내기 아닙니까? 아니, 어떻게 스무살에 이장님이 되셨습니까?”

저희는 깜짝 놀라서 물었습니다.

젊은 청년 이장님은 고개를 갸우뚱하며 대답하셨습니다.

“왜 이상해요? 우리는 스무살이면 어른입니다. 나이 스무살 정도 되면 자기 앞길은 자기가 챙길 수 있는 게 당연한 것 아니겠어요? 저기 산 너머 동네 이장님하고도 두 살밖에 차이가 나지 않는걸요.”

왜 이상해요?
스무살이면 어른입니다.
나이 스무살 정도 되면
자기 앞길은 자기가 챙길 수 있는 게
당연한 것 아니겠어요?

한 사회에는 여러 세대가 함께 모여 삽니다. 그리고 사회의 구성원들은 각 세대를 향한 암묵적인 기대 역할을 가지고 있습니다. 그렇게 저희는 연변의 한 시골 마을에서 과거 한국 역사에서 사회의 구성원들이 청춘들에게 가졌던 '기대 역할'이 어떠했는지를 간접적으로 경험할 수 있었습니다. 오늘날 한국 사회의 젊은이들이 반쪽 어른으로 여겨지는 것과 달리, 그들에게 스무살은 이미 한 마을을 이끌 수 있는 존재, 즉 사회의 리더가 될 수 있는 존재더군요.

저는 '청춘다움'에 대한 본질을 다시 기억하고, 아울러 청춘이 가지는 무한한 힘을 증명하고 싶습니다. 사자나 호랑이와 같은 맹수를 아무리 잘 길들인다 할지라도 그들에게 각인된 야생의 DNA는 결코 없애지 못한다고 합니다. 마찬가지입니다. 시대를 거슬러 올라 늘 한 사회의 도전이 되어왔던 한국의 청춘들은, 슬프게도 IMF 이후 지난 15년간 지속되어온 경제위기 속에 그들만의 야성을 원천적으로 봉쇄당해왔습니다.

어떤 면에서 보면 지금의 청춘들은 사회와 기성세대에게 잘 길들여진 온순한 사자와 같은지 모르겠습니다. 하지만 저는 청춘들의 내면에는 아직도 그들만의 푸른 야성이 날 생선처럼 살아 있다고 믿고 싶습니다. 그리고 이제는 오랜 세월, 이 사회가 잃어버린 청춘들을 향한 참된 기대 역할을 회복할 때라고 말하고 싶습니다.

앞에서 저는 사회의 기준이 아닌 자신만의 신념과 열정에 따라 주체적인 이야기를 써내려가는 것이 청춘들에게 얼마나 중요한지 이야기했습니다. 그리고 이러한 삶의 태도를 가지는 것이 세상을 바꾸는 젊은 영웅이 되는 첫걸음이라고도 말했습니다.

여기서 저는 자신들의 꿈과 열정, 그리고 청춘다움으로 세상을 바꾸고 있는 젊은 영웅 세 명을 소개할까 합니다. 아직도 '내가 무엇을 할 수 있겠어'하며 망설이는 젊은이들에게 청춘이라는 이름 하나만으로도 어떻게 세상을 바꿀 수 있는지 증명하고 싶기 때문입니다. 아직도 청춘들이 '어리다'라고만 생각하는 세상 사람들에게 젊은 영웅들이 바꾸는 사회가 얼마나 놀라운지를 보여주고 싶기 때문입니다.

이들은 늘 기성세대에게 들어왔던 뻔한 이야기, 예를 들면 '가난하거나 어려웠는데, 죽을듯이 열심히 했더니 성공했다. 그러니 너희도 성공을 위해 열심히 해라'는 식의 그런 진부한 이야기의 주인공이 아닙니다. 애당초 우리가 청춘에 대해 논할 때는 가난하다든지 부유하다든지 혹은 어디어디 출신이라든지 하는 이야기는 필요 없습니다. 극적인 이야기가 있는지 없는지도 그리 중요하지 않습니다. 우리가 주목해야 하는 것은 환경과 상황이 어떠하든, 그 출발점이 어떠하든, 각자의 자리에서 저마다의 푸른 이상과 신념 그리고 열정으로 써내려온 이야기가 청춘이라는 이름 앞에 부끄럽지 않은가입니다.

자, 지금부터 청춘만이 가질 수 있는 변하지 않는 신념과 이상으로 세상을 바꾸고 있는 유쾌한 세 영웅들의 이야기를 시작하겠습니다. 이들을 통해 여러분도 청춘이라는 이름에 담긴 무한한 힘과 가능성을 다시금 경험했으면 합니다.

세상과 세상을 연결하는 최고의 커뮤니케이터

엠트리 최영환 대표

여기 인생을 참 재미있게 살아가고 있는 한 청년이 있습니다. 그의 시간을 1년이라는 기간으로 한정한다면, 6개월은 세계의 중심이라는 뉴욕에 있고, 3개월은 문화의 도시 파리에 있으며, 2개월은 동남아나 아프리카와 같은 저개발국가에, 그리고 마지막 1개월은 한국에 있습니다.

그의 대학 시절 꿈은 커뮤니케이션을 통해 세상을 바꾸겠다는 것이었습니다. 하지만 대학을 졸업하고 그가 가장 먼저 가게 된 곳은 군대였지요. 그것도 전 세계에서 가장 커뮤니케이션이 단절되었다는 DMZ, 바로 비무장지대였습니다.

소통을 꿈꾸는 젊은이가, 소통이 가장 통제된 곳에 배치되었으니 답답했겠다고요? 아니요. 최영환 대표는 그곳에서 그만의 방식으로 꿈을 키워나갑니다.

그는 군대에서 매우 엉뚱하고 재미있는 상상을 하나 하게 되었습니다. 바로 청춘들의 가슴을 뜨겁게 만들 '가상의 대학'을 세우겠다는 것이었지요.

예를 들어 '긍정의 힘'이라는 수업에는 동명의 책을 지은 조엘 오스틴Joel Osteen을, 커뮤니케이션 수업에는 세계적인 스피치 트레이너인 TJ 워커를, 리더십 수업에는 인천국제공항을 세계의 공항으로 만든 이채욱 회장님을 교수님으로 초빙하는 것이었지요. 그렇게 그는 각 분야에서 존경받는 세계적인 명사들로 상상 속 학교의 교수진을 구성하기 시작했습니다. 그런 대단한 분들을 어떻게 한 학교에 모시냐고요? 상상 속에서나 가능한 일이라고요?

네, 그렇습니다. 처음엔 한 개인의 참신한 발상에 불과했습니다. 하지만 그는 상상에 그치지 않고 이내 자신이 할 수 있는 방법으로 이 아이디어를 실천에 옮기기 시작했습니다.

소통이 허용되지 않는 군대라는 공간에서 어떻게 그런 유명 인사들을 섭외할 수 있었을까요? 그는 편지를 쓰기로 했습니다. 하지만 그가 있던 비무장지대의 군부대에는 변변한 편지지 하나 없었지요. 그래서 그가 편지지로 사용한 수단은 매일 아침마다 나오던 우유곽이었습니다. 빈 우유곽을 깨끗이 씻어 말려, 깨알 같은 글씨로 꾹꾹 눌러 진심을 담아 편지를 썼다고 합니다. 그렇게 쓴 편지가 100통. 그는 전 세계에서 활동하고 있는 자신이 상상한 가상의 교수진들에게 편지를 보냈습니다.

내용은 이러했습니다.

"저는 세상에서 가장 커뮤니케이션이 단절된 곳에서 복무하고 있는 한 청년입니다. 모든 청춘들의 가슴을 뜨겁게 만들고자 하는 목표를 가지고 있는 이 대학의 교수로 귀하를 초빙합니다. 허락해주십시오."

주위 사람들은 모두 그의 그런 행동을 미쳤다고 했습니다. 그들의 상식으로는 도저히 납득이 가지 않는 한 젊은이의 허황된 꿈이었지요. 하지만 그 결과는 모두의 예상과 달랐습니다. 그는 수많은 명사들로부터 직접 답장을 받았고, 제대 후 두 달간 전 세계를 돌며 그들을 모두 만나게 되었습니다. 그리고 그들과의 인터뷰를 모아 책을 내게 되었는데, 그 책의 이름이 바로 『우유곽 대학을 빌려드립니다』입니다.

비록 현실에 있는 대학은 아니지만, 청춘이라면 누구나 선망하는 이들의 살아 있는 메시지를 책을 통해 담았으니 다른 의미의 '대학'이라 할 만하지요.

저는 커뮤니케이션이 단절된 곳에서
군 복무하고 있는 청년입니다.
모든 청춘들의 가슴을 뜨겁게
만들고자 하는 목표를 가지고 있는
이 대학의 교수로 귀하를 초빙합니다.

‘우유곽 대학’이라니, 이 얼마나 멋진 이름입니까.

●

요즘 그가 하는 일은 이보다 더 놀랍습니다. 당시 그가 유명인들과 인터뷰하기 위해 전 세계를 여행을 하면서 깨닫게 된 사실이 하나 있는데, 그것은 바로 전 세계 어디나 세상의 기준에 물들지 않은 꿈꾸는 청춘들이 있다는 점이었습니다. 여행이 끝나갈 때쯤 그는 자신처럼 세상을 바꾸겠다는 꿈을 가진 전 세계 청춘들을 서로 소통시킬 필요가 있겠다는 생각을 했습니다. 함께 힘을 합친다면 더 놀라운 일들을 할 수 있을 거라고 믿었습니다. 이렇게 해서 그는 ‘엠트리$^{M\text{-}tree}$’라는 비영리단체를 뉴욕 한가운데에 설립하게 되었습니다.

기관을 설립한 후 그는 파리와 뉴욕으로 달려갔습니다. 그리고 뜻을 함께할 미술가와 디자이너를 만나 이야기했습니다.

“우리 아프리카로 갑시다. 그곳에서 아이들에게 그림을 가르쳐줍시다.”

그의 계획을 듣고 사람들이 놀라며 물었답니다.

“왜 하필 밥도 제대로 먹지 못하는 아프리카에, 그것도 미술

교육을 하러 가자는 것입니까?"

그는 대답했습니다.

"바로 그 이유 때문입니다. 밥을 먹지 못한다 해서 꿈마저 꾸지 못하리라는 법은 없습니다. 그들에게 그림을 통해 새로운 세상을 만나게 해주고, 꿈을 꿀 수 있는 마음의 근육을 함께 키워줍시다."

'희망의 그림 그리기Brush with hope'라는 이름 앞에 함께 모인 청춘들이 배낭 가득 물감을 넣고는 아프리카로 향했습니다. 그리고 아이들에게 붓을 쥐여주고 자신의 감정과 마음을 마음껏 표현하게 했지요. 열악한 환경에서 살아가던 아이들이 처음으로 그림을 통해 마음의 이야기를 하기 시작했습니다. 단 한 번도 자신의 감정을 드러낼 기회가 없었던 가난한 아이들이 그들이 가져온 물감을 통해 자신의 슬픔과 기쁨을 표현하게 된 것이지요.

얼마 지나지 않아 아이들은 감정을 넘어 그림에 꿈을 담기 시작했습니다. 희망을 잃어가던 아이들에게 마음의 근육을 키워주고 꿈을 꾸게 하겠다던 그의 바람이 정말 현실이 되기 시작한 것이지요.

그는 아이들과 만나고 온 뒤 뉴욕으로 그림들을 가져와 전시회를 열었습니다. 신기한 일은 천진난만한 아프리카 아이들

밥을 먹지 못한다 해서
꿈마저 꾸지 못하리라는
법은 없습니다.

그들에게 그림을 통해
새로운 세상을 만나게 해주고,
꿈을 꿀 수 있는
마음의 근육을 키워줍시다.

의 꿈과 희망이 담긴 그림이 뉴욕 사람들에게 팔리기 시작했다는 것입니다. 세상에서 가장 가난한 아이들의 꿈이 세상에서 가장 잘사는 어른들에게도 감동을 선사한 것입니다.

만약 모든 것을 소통하게 해주는 것이 커뮤니케이션이 지향하는 궁극의 목표라면, 그는 이미 사람과 사람을 넘어 세상에서 가장 빈부격차가 심한 두 지역과 대상마저 소통시키는 위대한 커뮤니케이터가 된 것입니다.

그는 지금도 '더불어 사는 삶'을 지향하며, 세계 곳곳의 단절된 지역을 찾아 새롭게 소통의 문을 여는 일을 하고 있습니다. 삼십대 초반의 젊은 청춘이 펼쳐가는 '소통의 꿈'의 규모는 이 넓은 세상마저도 좁게 보일 정도로 위대합니다.

커뮤니케이션을 통해 세상을 바꾸겠다는 신념 하나만으로 자신만의 이야기를 써내려가고 있는 청춘, 그는 '소통'이라는 심벌을 가진 이 시대의 진정한 영웅입니다.

세상에서 가장 많은 나무를 심는 사람 트리플래닛 김형수 대표

주식회사 트리플래닛의 김형수 대표는 올해 겨우 스물여섯의 청년입니다. 그리고 이 젊은 영웅에게는 '세상에서 가장 많은 나무를 심는 사람'이라는 아주 멋진 수식어가 따라붙습니다. 그는 얼마 전 이런 포부를 밝히기도 했습니다.

"2020년까지 나무 1억 그루를 심는 것이 제가 가지고 있는 목표입니다."

2010년, 김형수 대표는 나무를 키우는 게임 애플리케이션을 만들었습니다. 유저가 스마트폰으로 나무를 키우면 선택한 지역에 실제로 나무를 심어주는 획기적인 서비스였지요. 반응은 폭발적이었습니다.

게임 요소가 가미된 트리플래닛의 애플리케이션은 많은 사람들의 사랑을 받았고 사회적 파장 또한 엄청났습니다. 사람들은 반려동물을 키우듯 나무를 키우게 되었고, 가상공간에서 키운 나무가 자신의 이름을 달고 실제의 세상에 심겨진다는 사실에 감격하게 되었습니다.

그런데 김형수 대표는 그 많은 비용을 어떻게 충당했을까요? 방법은 간단했습니다. 게임 내에 노출되는 비료나 물뿌리개에 기업의 로고를 실어 광고비를 받은 것이지요. 보통 어느 정도 규모를 가진 기업에서는 적지 않은 금액의 광고비와 사회공헌비를 1년 예산 중 따로 책정하는데, 바로 이 돈을 멋진 시스템으로 끌어온 것입니다. 아무도 생각하지 못했던 새로운 사회적 가치를 창출한 것이지요. 서비스 출시 이후 약 2년간 누적 가입자 수 50만 명을 기록한 트리플래닛의 서비스는 이미 한화, 더블에이, 도요타 등 굵직굵직한 국내외 기업들이 광고주로 참여하고 있습니다.

한편, 김형수 대표는 전 세계 소셜벤처 기업인들이 모여 아이디어를 겨루는 '글로벌 소셜벤처 컴페티션^{Global Social Venture Competition}'에서 3위의 성적을 거두기도 했습니다. 당시 샌프란시스코에서 열렸던 이 대회의 1위와 2위가 세계적인 인재들이 모인다는 스탠퍼드와 버클리, 그리고 MIT 출신들이었다니 한국의 젊은이가 거둔 3위라는 성적이 얼마나 대단한 것인지 가늠이 되시나요?

●

그럼 김형수 대표는 언제부터 '나무를 심어야 한다'는 생각을 하게 된 것일까요? 혹시 그저 번뜩이는 아이디어 하나로 여기까지 오게 된 건 아닐까요? 대답은 'NO'입니다.

그의 환경 사랑의 시작을 말하려면 그가 막 철이 들기 시작한 고등학생 때로 거슬러 올라가야 합니다. 어렸을 적부터 영상 제작에 관심이 많았던 그는 당시 사회적 관심사로 대두되던 환경에 관한 다큐멘터리를 찍게 되었는데, 그때 처음으로 환경보전의 중요성을 느꼈다고 합니다. 그리고 그렇게 알게 된 환경의 소중함을 자신의 꿈으로 삼은 것이지요.

'앞으로 내가 살아갈 세상에는 푸른 숲의 지구가 있을 것이다.'

그 후부터 그는 지속적으로 환경 다큐멘터리를 찍어 주위 사람들에게 환경문제의 심각성을 알리려고 노력했습니다. 많은 사람들이 그가 만든 영상을 통해 환경의식을 갖게 되었지요.

'그래, 내가 직접 나무를 심자.
왜, 나무를 심는 일은 NGO의 몫이지?'

그의 이런 창의적 발상은
푸른 세상을 위해 늘 고군분투해왔던
열정이 만들어낸 생각이었을지도 모릅니다.

하지만 몇 년이 지난 후 김형수 대표는 슬픈 사실 하나를 깨
닫게 되었습니다.

'많은 사람들이 문제의식에는 동의하지만 아무도 실천은 하
지 않는구나.'

그래서 그는 생각을 바꾸었답니다. '그래, 내가 직접 나무를
심자' 하고요.

'왜 나무를 심는 일은 NGO의 몫이지? 우리 모두가 직접 나
무를 심을 수도 있지 않을까?' 하는 창의적 발상은 푸른 세상
을 위해 고군분투해왔던 그의 열정이 이끌어낸 생각이었을 겁
니다.

그리고 2010년 그는 당시 유행하던 스마트폰 게임을 이용하
여 세상 사람 모두가 직접 나무를 심는 획기적인 서비스를 만
들게 된 것입니다. 그게 바로 지금의 '세상에서 가장 많은 나무
를 심는 기업, 트리플래닛'을 만든 계기이기도 하고요.

그는 이렇게 이야기합니다.

"만약 신문의 시대였다면, 저는 신문을 통해 나무를 심자고
했을 것이고, 방송의 시대였다면 방송을 통해 나무를 심자고
했을 것입니다. 신문이나 방송 혹은 지금 제가 하고 있는 스마
트폰은 그저 수단일 뿐이지요. 앞으로도 세상이 바뀐다면 저의

수단 역시 바뀔 겁니다. 하지만 '나무를 심겠다'는 저의 꿈은 절대 변하지 않을 것입니다."

●

그는 지금도 푸른 지구를 향한 자신만의 이야기를 꾸준히 써 내려가고 있습니다. 그리고 한 젊은이가 쓰는 이 창의적이고 도전적인 이야기에 세상은 점점 푸르게 바뀌어갑니다.

이제 그는 고등학생 때와는 달리 세계 곳곳에 숲을 조성하는 스케일 큰 기업가가 되었지만, 그가 갖게 된 지금의 모습이 그에게 목표였던 적은 단 한 번도 없었습니다. 큰 회사를 만들자, 사회적으로 성공하자는 생각은 애당초 없었던 것이지요. 그는 오로지 자신이 꿈꾸는 세상을 위해 묵묵히 달려왔을 뿐이고, 지금의 그의 외형적 성공은 단지 결과일 뿐입니다.

김형수 대표의 가슴에는 오직 자신이 꿈꾸는 이상, '푸른 지구'만이 있을 뿐입니다. '나무'라는 단어만 나오면 여전히 눈을 반짝이는 그를 보면서 저는 세상을 바꾸는 영웅들만이 가진다는 독특하면서도 유일한 심벌을 그의 가슴에서도 발견할 수 있었습니다.

'푸른 지구를 위해 나무를 심자.'

아마 그 누구라도 그를 만나게 되면, 단번에 세상에서 가장 푸른 심벌을 가진 영웅이라는 것을 알게 될 것입니다.

"앞으로도 세상이 바뀐다면 저의 수단 역시 바뀌겠지요. 하지만 '나무를 심겠다'는 저의 꿈은 절대 변하지 않을 것입니다."

곱씹어 볼수록 멋진 말입니다. 그렇지 않습니까?

여러분은 지금 세상이 바뀌어도 절대 변하지 않을, 그런 꿈을 품고 있습니까?

"세상이 바뀐다면
저의 수단 역시 바뀔 것입니다.
하지만 '나무를 심겠다'는
저의 꿈은 절대 변하지 않을 것입니다."

세상 모든 사람들에게 동등한 기회를 주고픈 사람

히즈빈스 임정택 대표

올해 서른살의 임정택 대표는 카페를 일곱 개나 운영하고 있는 젊은 사장입니다. 스물다섯에 시작한 첫 번째 카페가 성공하여 4~5년 만에 7호점으로 늘어났다니 이 얼마나 멋진 성공 스토리입니까?

그의 카페는 우리의 예상과는 조금 다른 이야기를 담고 있습니다. 2008년 봄, 대학교 2학년이었던 임정택 대표는 홍콩에 있었습니다. '아시아 대학생 창업교류전'에 참가하게 된 것이지요. 경영학도였던 그는 남들보다 좋은 스펙을 쌓고 싶었고, 전공을 살려 '돈'을 벌고 싶기도 한 평범한 청춘이었지요. 창업교류전에 참여한 이유도 다름 아닌 그 때문이었습니다. 하지만 그 행사를 통해 만난 한 중국인 친구로 인해 그는 인생의 방향을 바꾸게 됩니다.

"중국인 친구가 제게 이야기했습니다. 중국의 15억 인구 가운데 1억 명이 아직도 가난에 허덕이고 있다. '난 평생 그들과 함께 일하면서 나의 중국을 변화시키겠다'고요. 그날 저는 저만의 성공을 위해 달려가던 제 삶이 무척이나 초라해 보였습니다. 같은 청춘으로서 부끄러워진 것이지요."

그렇게 그는 처음으로 자신의 인생 목표를 고민하게 되었답니다. 무엇을 위해 살 것이며, 어떻게 살 것인지를 처음으로 진지하게 고뇌하게 된 것입니다. 그리고 그러한 고민 끝에 찾은 대답은 바로 '가장 소외된 자들에게도 공평한 기회를 주는 사람이 되자'였습니다.

그가 처음부터 '지적장애인들을 위한 카페를 운영하겠다'는 생각을 했던 것은 아닙니다. 소외된 이들을 위해 살겠다는 새로운 꿈이 생긴 이후 종종 봉사활동을 다니게 되었는데, 우연히 지적장애인 시설에 봉사를 가게 되었고, 그곳에서 사람들의 흔한 선입견과 달리 그들이 꽤 정상적인 생활을 영위할 수 있다는 것을 발견하게 된 것이지요. 마침 지도교수님을 통해 장애인의 자립에는 크게 두 가지가 필요하다는 것도 알게 되었는데, 첫째는 스스로 일할 수 있도록 교육하는 것이고, 둘째는 배

중국인 친구가 이야기했습니다.
"중국의 15억 인구 가운데 1억 명이
아직도 가난에 허덕이고 있다.
난 평생 그들과 함께 일하면서
나의 중국을 변화시키겠다."

저만의 성공을 위해 달려가던
제 삶이 무척이나 초라해 보였습니다.
같은 청춘으로서 부끄러웠습니다.

운 바를 발휘할 기회를 제공하는 것이었습니다.

또래 누구보다도 열심히 경영학을 탐구해왔던 임정택 대표가 이 모두를 충족시키기 위해 생각해낸 경제적 대안이 바로 장애인들이 운영하는 '카페 히즈빈스Hisbeans'였던 겁니다.

히즈빈스의 직원들은 모두 지적장애인입니다. 이 특별한 카페를 통해 지난 3년간 30명에 가까운 장애인들이 새로운 삶의 기회를 얻었습니다. 그는 혹여나 장애인들이 운영하는 카페라는 사실이 소비자들에게 신뢰를 주지 못할까봐, 철저한 품질관리와 직원 교육에 힘썼는데 그것이 맞아떨어져 지금은 소비자들 사이에서 '맛있는 커피집'으로 명성을 얻고 있답니다.

지금 그의 카페는 전국 주요 공공기관 및 기업들이 앞다투어 후원하는 회사가 되었습니다. 처음 지적장애인들을 통해 카페를 운영한다고 했을 때만 해도 모두가 외면했지만 지금은 많은 이들에게 희망을 주고 주변의 칭찬받는 아름다운 사례가 된 것이지요.

임정택 대표의 이야기는 많은 사람들에게 알려지면서 방송에도 몇 차례 소개되었습니다. 제가 본 방송은 〈리틀 히어로〉라는 프로그램이었는데, 이 사회에 숨어 있는 진정한 영웅들을 찾아내어 그들을 활동을 알리는 것이 주요 내용이었습니다.

방송에서 저는 임정택 대표가 운영하고 있는 카페를 통해 두 지적장애인이 부부의 연을 맺는 장면을 보았습니다. 텔레비전에 나온 부부는 서로를 바라보며 하염없이 울고 있었습니다. 그도 그럴 것이, 평생 장애인이라고 손가락질 받으며 살아왔던 남녀가 히즈빈스를 통해 새로운 삶을 찾게 되었고, 이제는 꿈만 같았던 그들만의 가정을 이루게 되었으니까요. 그들의 스토리는 텔레비전으로 지켜보는 저에게도 고스란히 감격과 벅참으로 전해졌습니다.

그리고 세상에서 가장 행복한 현장 한가운데에는 이 장애인 부부를 애틋하게 바라보고 있는 젊은 청년, 임정택 대표가 있었습니다. 소외되고 절망한 이들에게 공평한 기회를 주겠다던 그의 꿈과 다짐은 장애인들에게 경제적 자립이라는 표면적 변화를 넘어, 새로운 세상을 열어주었습니다.

결혼식이 끝난 후, 프로그램 담당 피디와 인터뷰를 하던 임정택 대표의 고백은 아직도 제게 감동으로 남아 있습니다.

"오늘처럼 저를 통해 소외된 이들이 새로운 꿈과 행복을 찾을 수만 있다면, 저는 목숨을 바쳐서라도 이 길을 계속 가고 싶습니다."

지금 한국 사회 곳곳에서 임정택 대표의 사업 모델을 응용하여, 장애인들과 소외된 계층에게 일자리를 마련해주는 여러 기업이 자발적으로 생겨나고 있습니다. 그가 증명해준 희망의 메시지가 다른 이들에게도 전이되고 있는 것이지요.

어떻습니까? 소외당하는 이들에게 공평한 기회를 주어 세상을 바꾸고자 하는 탁월한 경영인, 임정택 대표야말로 세상에서 가장 따뜻한 심벌을 가진 젊은 영웅이 아닐까요?

다윗이 골리앗을
이길 수 있었던
진짜 비결

'단십백'이라는 유명한 말이 있습니다. 성공한 인생을 위해서는 '1명의 스승과 10명의 좋은 친구, 100권의 좋은 책이면 충분하다'는 뜻입니다.

이 이야기를 알게 된 뒤로 저는 1명의 스승을 찾기 위해 참 많이도 이리저리 두리번거렸던 것 같습니다. 하지만 아무리 주위를 둘러봐도 저에게 가르침을 줄 참된 스승을 찾을 수 없었습니다.

그리고 저는 오랜 시간이 지나서야 알게 되었습니다. 제게는 참된 스승이 없었던 것이 아니라, 어떤 스승에게도 참되게 배울 마음의 준비가 되어 있지 않았다는 것을요.

'다윗과 골리앗의 이야기'를 아시지요? 양치기 소년이었던 다윗이 거대하고 용맹한 장수 골리앗이 방심한 틈을 이용해 자신의 물맷돌 하나로 무찌른 용감무쌍한 이야기입니다.

사람들은 아무리 어렵고 강한 상대라도 용기와 재치로 이길 수 있다는 메시지를 전할 때 이 일화를 자주 인용하죠. 하지만 이 이야기에는 중요한 사실 하나가 숨겨져 있습니다.

성경에는 골리앗을 상대로 벌벌 떨고 있는 아군 병사들을 뒤로하고 '자신이 나가서 싸우겠다'고 나서는 다윗의 모습이 자세히 묘사되어 있는데 거기에 알려지지 않은 '승리의 비결'이 있습니다.

다윗이 속한 나라의 왕이었던 사울은 보잘것없는 시골뜨기 양치기 소년이 골리앗과 싸우겠다는 모습이 가여워 자신이 입고 있던 최고급 갑옷과 무기를 건네줍니다.

그때 다윗은 사울의 갑옷이 자신에게 맞지 않는 것을 빤히 알면서도 사울에게 "아닙니다. 전하의 옷은 제게 맞지 않습니다. 저에게는 세상에서 가장 강한 물맷돌이 있으니 걱정하지 마십시오"라고 말하지 않았습니다.

대신 이렇게 말했습니다.

"네, 제가 한번 입어보겠습니다."

다윗은 사울의 갑옷을 입고 몇 발짝 걸어보았다고 합니다. 그러고는 자신에게 맞지 않다며 거절했습니다.

눈치 채셨나요? 바로 이런 다윗의 태도가 골리앗을 이길 수 있었던 비결입니다. 다윗은 어떻게 돌멩이 하나로 골리앗의 단단한 갑옷의 빈틈을 찾아 정확하게 던질 수 있었을까요? 왜냐하면 입어보았기 때문입니다. 적군 최고의 장수였던 골리앗이 입고 있던 갑옷 역시 사울의 그것과 같이 최고급이었을 겁니다. 사울의 청을 거절하지 않고 겸허히 수용한 지혜로운 태도가 당시 갑옷이 보호하지 못하는 빈틈을 발견할 수 있게 해준 것입니다.

참된 멘토나 스승을 찾고 계십니까?

어쩌면 우리는 참된 스승을 찾기보다 참되게 배우겠다는 마음을 먼저 준비해야 하는지도 모르겠습니다. 자기만의 소신을 지키며, 타인의 조언을 무조건적으로 따르지 않는 것도 중요하지만, 다른 사람들로부터 무엇이든 배워보려는 열린 마음 자세도 필요하지 않을까요?

"네, 제가 한 번 입어보겠습니다."
바로 이런 다윗의 태도가
골리앗을 이길 수 있었던 비결입니다.
사울의 청을 거절하지 않고
겸허히 수용했기에
갑옷이 보호하지 못하는 빈틈을
발견할 수 있었던 것입니다.

청춘이라는 무기를 가슴에 품어라

CHAPTER 4

청춘 여러분,
어떤 능력을
가지고 있나요?

영화나 책을 통해 만날 수 있는 모든 히어로들에게는 그들만의 특별하고 신비한 능력이 있습니다. 수퍼맨에게는 무적의 힘이, 배트맨에게는 최첨단 공격무기들이, 그리고 미국 영웅의 상징 캡틴아메리카에게는 어떠한 공격에도 깨지지 않는 무적의 방패가 있지요. 영웅들은 자신의 힘을 잘 이해하고 상황에 맞게 적절히 이용하여 위기의 순간을 극복하곤 합니다.

저는 이런 영웅들의 모습을 보면서 어쩌면 세상을 바꾸고자 하는 미래의 젊은 영웅들에게도 그들만의 신비한 능력이 필요할지 모른다는 생각을 했습니다. 자본지상주의와 성공제일주의라는 어마어마한 이데올로기의 악당들에 맞서려면 우리 청춘들에게도 그들에 맞먹을 힘과 능력이 필요하지 않겠습니까.

그래서 저는 세상을 바꾸고자 하는 꿈꾸는 청춘들을 위해, 청춘들이 갖췄으면 하는 능력 몇 가지를 소개하려고 합니다. 단언하건대 여기에 적힌 능력은 본래 가진 것이 많고 적음에 상관없고, 그 처지가 어떠한지와 관계없이 누구나 습득할 수 있는 최고의 능력입니다.

하지만 저는 이러한 능력과 그 능력을 습득하는 방법을 본격적으로 기술하기 전에 꼭 언급하고 싶은 이야기가 하나 있습니다.

특정 지식이나 기술을 익힐 때 효율적인 습득 방법이 있다면 우리는 반드시 배울 필요가 있습니다. 그 분야를 먼저 섭렵한 이로부터 배우는 경험과 지혜야말로 우리로 하여금 그들이 저지른 실수를 되풀이하는 것을 미연에 방지하고 시간을 아낄 수 있기 때문입니다.

•

그런데 일이 아닌 인생을 살아가는 것에 관해서도 '효율적인 방법'이란 게 있을까요? 아닙니다. 저는 절대 그렇지 않다고 생각합니다. 왜냐하면 한 분야의 일이나 전문성과 달리 사람의

세상을 바꾸고자 하는
미래의 젊은 영웅들에게는
그들만의 신비한 능력이 필요합니다.

인생에는 저마다의 다른 가치와 지향점이 있을 것인데, 어떻게 그것을 획일화하여 설명하고, 누가 효율적인 방법론을 제시할 수 있을까요?

그런데도 서점가에 나가보면 온통 성공적인 삶에 대한 방법론에 관한 책들뿐이더군요. 승자가 되는 방법, 돈 버는 방법, 사람들에게 인정받는 방법 등등, 인생에 관한 수많은 방법론을 적은 대부분의 책들은 저마다 표현 방식은 조금씩 다르지만, 그 모두 '성공'이라는 동일한 전제를 깔고 있습니다.

하지만 참된 인생을 논함에 있어서 이러한 접근법은 절대 통하지 않았습니다. 자신만의 신념과 열정으로 저마다의 주체적인 인생을 살아가야 하는 청춘들에게 어떻게 인생을 살아가는 획일화된 비법을 이야기할 수 있을까요?

그렇기에 지금부터 제가 전하려는 젊은 영웅이 가져야 하는 능력도 어쩌면 정답이 아닐 수 있습니다. 그리고 제가 언급할 능력은 분명 사회가 인정하는 외적 성공에는 별반 도움이 되지 않을 겁니다.

앞서 이야기한 것처럼 영웅이란 신비한 능력을 가진 자가 아니라 다른 사람의 가슴을 뛰게 할 만한 이야기를 가진 자입니다. 신비한 능력은 위기의 순간을 극복하는 편리한 수단일 뿐

입니다. 신비한 능력이 있다고 해서 영웅이 되는 것은 절대 아
니라는 것이지요.

이 사회는 방법론에 미쳐 있다고 해도 과언이 아닙니다. 지
난 반세기 동안 한국 사회는 속도가 곧 경쟁력이었고, 같은 일
을 하더라도 더 빨리 끝내는 사람이 더 많은 보상을 받는 시스
템이었습니다. 이러한 풍토 속에서는 본질에 대한 이해와 정
도正道를 걷는 노력보다는 쉽고 빠른 부차적 방법론에 더 혈안
이 될 수밖에 없습니다.

제가 지금부터 이야기할 것은, 제가 경험하고 겪어온, 그리고
여전히 좇고 있는 '세상을 바꾸는 젊은 영웅들이 험난한 세상
에 맞서기 위해 필요한 능력'입니다. 저는 그러한 능력을 갖추
기 위해 '당장 무엇을 해라'가 아니라, 왜 그러한 능력이 청춘
에게 필요한지를 말하고자 합니다. 우리 청춘들이 인생을 대하
는 태도와 삶의 지향점에 대해 다시 한 번 생각해보고, 본질과
방법을 모두 찾아내기 바랍니다.

영향력, 청춘들의 삶의 목표

세상을 바꾸는 젊은 영웅에게 필요한 첫 번째 힘

세상의 기준과 관계 없이 자신만의 즐겁고 흥미로운 인생을 만들어보고자 결심한 사람들이 처음으로 마주하는 인생의 장애물은 현 사회가 요구하는 '성공의 압박'일 것입니다.

우리는 많은 부분에서 암묵적으로 성공의 중요성을 교육받고 있습니다. 자본주의 시스템에서 자본이 표면적으로 가지는 힘은 실로 엄청납니다. 학벌제일주의에 경도된 사회에서 내가 나온 출신 학교가 늘 꼬리표처럼 내 뒤를 줄줄 따라다니는 것을 나이를 한 살 한 살 먹어가면서 더 크게 실감하게 됩니다.

그렇기에 우리가 주체적인 인생을 만들어가겠다고 다짐했을 때 마주치는 첫 번째 장애물은, 너무도 당연히 생각해오고 학습되어왔던 우리의 인생 목적, 즉 사회적 경제적 성공의 압박에서 벗어나는 일입니다.

하지만 첫 장애물을 무사히 통과했더라도 끝난 것은 아닙니다. 20년이 넘도록 우리의 목표로 학습받았던 일종의 '지향점'이 하루아침에 머릿속에서 사라졌다고 생각해봅시다. 우리는 금방 자신의 인생을 향한 열정의 동기를 잃어버리게 될 것입니다.

제가 세상을 바꾸는 청춘들에게 필요한 첫 번째로 꼽는 능력은 인생의 새로운 지향점, 바로 '영향력'입니다.

저는 수많은 리더십의 정의 중 미국공군 장교교본에 나오는 '리더십은 영향력이다'라는 말을 가장 좋아합니다. 한 개인이 한 집단을 이끄는 데 필요한 방법이나 지위, 물리적 힘을 보통 리더십이라고 이야기하죠. 하지만 이 교본에서는 리더십을 그렇게 간단히 정의하지 않습니다. 대신 이렇게 이야기하지요.

'한 개인의 지위나 위치에 상관없이 그 개인이 집단에 미치는 전방위적 능력의 정도로 리더십은 정의된다.'

●

'영향력'의 정의와 중요성을 확인할 수 있는 이야기 하나를 소개하겠습니다.

신대륙이 발견되자 많은 서양 세력들이 그 땅을 차지하기 위해 앞다투어 바다를 건넜습니다. 하지만 새로운 땅이라고 주장하는 그들의 말과 달리, 사실 그곳에는 인디언이라는 원래의 주인이 살고 있었습니다. 그러니 뺏으려는 서양인들과 이를 지키려는 인디언들 간의 전쟁은 애당초 불가피한 것이었지요.

그렇게 시작된 전쟁의 열기가 최고에 달한 어느 날, 서양 군대 중 가장 강력하다 일컬어지던 한 부대가 어느 작은 인디언 마을에 당도했습니다. 울창한 숲으로 이루어진 이 지역을 가리켜 인디언들은 '신령한 숲'이라고 불렀습니다. 그 이유는 이곳에 인디언들을 지키는 요정이 살고 있고, 이 요정이 그동안 숲을 침범한 낯선 세력들을 내쫓았다고 믿기 때문이었지요.

인디언들의 말에 의하면, 이 요정이 침입자들을 패하게 만드는 방법은 아주 간단했습니다. 바로 그들의 우두머리(리더)를 아프게 하는 것이었지요. 향토병에 걸리든, 전염병에 걸리든, 어떤 부대라도 이 숲에 들어오면 항상 그들의 리더는 알 수 없는 병에 걸려 드러눕게 되었고, 리더를 잃은 군대는 힘을 잃고 인디언들의 반격에 숲에서 쫓겨나

지겹지 않니, **청춘노릇**

기 일쑤였지요.

'신령한 숲' 앞에 도열한 이 부대도 이런 이야기를 듣게 되었습니다. 하지만 신화나 요정 따위의 말들은 최강의 부대라 자부하는 이 군사들에게 아무런 위협이 되지 못했지요. 해가 뜨자마자 서양 부대의 공격이 시작되었습니다. 막강한 화력을 앞세운 부대가 숲으로 진격했고, 그들은 오늘 해가 지기 전에 이곳을 점령할 것으로 예상했습니다. 무엇보다도 전해 내려오는 신령한 숲의 요정 이야기와 달리, 서양 부대 장교 중에는 아프거나 컨디션이 나쁜 사람이 한 명도 없었기에 이들이 승리를 장담하는 것은 너무나 당연했습니다.

하지만 이 부대는 그날 저녁이 될 때까지도 신령한 숲을 점령하지 못했습니다. 오히려 퇴각 명령을 받고 숲에서 도망치다시피 뛰쳐나오게 되었습니다. 아침에 들어간 군사의 딱 절반만이 살아서 숲을 빠져나왔습니다.

겨우 살아남은 병사들은 당혹스러웠습니다. 왜 우리가 졌는지, 어떻게 이런 결과가 나왔는지 영문을 알 수 없었지요.

다시 전열을 가다듬으면서 부대의 장교들은 자신들이

실패한 근본 원인을 찾기 위해 노력했습니다. 화력에도 전술에도 전혀 문제가 없었는데 왜 이렇게 참패한 것인지를, 인디언들의 전설과 달리 부대의 장교들 중에 아픈 이가 나온 것도 아닌데 도대체 왜 패하게 된 것일까를 계속 고민했습니다. 하지만 끝내 답을 찾지 못한 장교들은 그날 전쟁에서 전투를 벌인 병사들과 각각 개별 면담을 하기로 했습니다. 그런데 바로 이 면담을 통해 당일 모든 병사들이 가졌던 공통점 하나를 발견할 수 있었습니다.

늘 최강이라 일컬어지던 부대의 병사들이었지만 인디언들에게 패한 그날은 왠지 자신감이 없었다고 진술했습니다. 질 것 같다는 생각을 했던 건 아니지만 평소처럼 반드시 이길 수 있다는 확신이 들지 않았다고 고백했습니다. 아울러 무언가 끝마치지 못했다는 찜찜함이 전쟁 내내 마음속에 남아 있었다고 했습니다. 신기하게도 이런 대답은 모든 병사들의 입에서 동일하게 나왔습니다. 면담을 진행한 장교들도 놀랄 수밖에 없었지요.

장교들의 고민은 자연스럽게 다음으로 이어졌습니다.

'그들은 왜 하필 그날, 똑같이 자신 없는 마음 상태로 전투에 참여하게 된 것일까? 도대체 무엇이 부족했던 것일

지겹지 않니, **청춘노릇**

까?'

한 장교가 푸념 섞인 투로 말을 꺼냈습니다.

"정말 인디언들 말대로 요정이 그런 것 아닐까? 장교들이 너무 씩씩하니까 병사들 전체의 마음을 불안하게 한 것 아니냐고?"

"에이, 설마 그랬겠어? 이봐, 세상에 요정이 어디 있어!"

다른 장교가 대답했습니다.

"다른 이유가 없잖아. 그날은 평소와 같았다고. 특별한 문제도 전혀 없었는데 병사들의 사기가 저렇게 떨어졌을 리가 없잖아."

그때였습니다.

동료 장교들의 푸념 섞인 논쟁을 듣고 있던 한 장교가 무언가 깨달았다는 표정으로 무릎을 치며 일어났습니다. 그러고는 흥분한 목소리로 동료 장교들에게 말했습니다.

"자네들 생각해보게. 그 신령한 숲의 요정이 쳐들어오는 부대의 리더를 아프게 한다고 했지?"

"그래, 그렇다고 들었지."

"하지만 우리는 아프지 않았잖아!"

"그래, 우리 부대는 장군님도 장교들도 모두 괜찮았지."

"그렇다면 말이야, 혹시 이 부대의 진짜 리더가 장군님
도 장교들도 아닌 다른 누군가라면, 이야기가 달라지지 않
아? 병사들에게 용기를 주고 믿음을 주는 사람이 따로 있
다면 어떻게 될까?"

장교는 말을 마치자마자 부하에게 이 숲에 도착한 이후
부터 전투 당일까지, 질병에 걸려 자신의 임무를 수행하
지 못한 이들의 명단을 가져오라고 지시했습니다. 그리고
얼마 지나지 않아 한 병사가 명단을 가져왔는데 거기에는
이렇게 적혀 있었습니다.

취사 담당, 이병 헨리 : 알수 없는 고열

장교 중 하나가 자신의 부하에게 물었습니다.
"자네 헨리 이병이라고 아나?"
병사가 대답했습니다.
"물론입니다. 저희 부대에서 헨리 녀석을 모르면 간첩
일 겁니다."
"그래? 어떻게 모든 병사들이 그 친구를 알지?"
다시 병사가 대답했습니다.

"헨리는 취사 담당입니다. 병사들에게 식사를 배급하는 역할을 하고 있지요. 그래서 소속에 상관없이 모두들 헨리를 알고 있습니다. 더군다나 워낙 밝고 긍정적인 녀석이라 아침마다 그 친구의 웃는 얼굴만 봐도 덩달아 기운이 솟는걸요."

이야기를 듣고 있던 다른 장교가 벌떡 일어나더니 자신의 부하 병사를 급히 불러 물었습니다.

"자네도 헨리 이병을 아나?"

병사는 당황하여 대답했습니다.

"네, 알고 있습니다."

"그래, 자네는 어떻게 알고 있지?"

병사가 대답했습니다.

"헨리요? 헨리는 어리지만 늘 저희들에게 기쁨을 주는 친구죠. 녀석은 매일 배식을 할 때마다 우리에게 파이팅을 외치곤 합니다. 아마 우리 부대에서 헨리를 싫어하는 친구는 아무도 없을 것입니다."

그 자리에 있던 장교들은 몇 번이고 다른 부하 병사들을 불러 헨리 이병에 대해 물어보았는데 모두들 비슷한 대답을 쏟아냈습니다.

'어리지만 밝은 친구.'

'늘 아침마다 파이팅을 외치던 동생.'

'나를 즐겁게 하는 친구.'

'고향집 동생을 떠올리게 하는 가족 같은 이병.'

헨리 이병은 병사들에게 그런 존재였습니다.

그제야 장교들은 인정하고 싶지 않은 사실을 인정하기 시작했습니다. 인디언 숲의 요정은 전해오는 전설처럼 진짜 리더를 정확히 짚어냈다는 사실을요. 그리고 그들의 진짜 리더가 겨우 이병에 불과한 어린 헨리였다는 것을요.

아침마다 용기와 희망을 주던 헨리 이병이 전투를 앞두고 며칠째 나오지 못하자 병사들의 마음속에는 작은 동요가 일기 시작했습니다. 삭막하고 고된 전장에서도 해맑은 미소를 잃지 않는 헨리 이병을 통해 병사들은 희망이라는 가능성을 마음에 품을 수 있었는데 헨리가 아프기 시작하면서 사라지게 된 것이지요. 헨리의 직급은 겨우 이병이었지만 그가 전하던 웃음과 용기는 장군의 그 어떤 명령보다 더 크고 강력한 영향을 미쳤던 것입니다.

어떻습니까? 이 글의 맨 앞에서 언급한 '리더십은 영향력이

"헨리요? 헨리는 어리지만
늘 저희들에게 기쁨을 주는 친구죠.
매일 우리에게 파이팅을 외치곤 합니다."

헨리의 직급은 겨우 이병이었지만
그가 전하던 웃음과 용기는
장군의 명령보다 더 큰 영향을 미쳤습니다.
그러므로 리더는 헨리 이병입니다.

다'라는 말을 다시 상기해보세요. 위의 일화에 나오는 '헨리 이병'은 부대 전체에서 최고의 영향력을 가진 사람입니다. 그는 장군이나 장교보다 한참 낮은 계급의 사병이었지만, 그의 힘은 전투의 승패를 결정할 만큼 강하고 우월했습니다. 그의 긍정과 미소는 모든 병사들의 자발적인 동의와 마음의 변화를 이끌어낼 만큼 강력하고 매력적이었습니다. 이 부대의 리더는 바로 '헨리 이병'이었습니다.

이것이 '영향력'입니다.

'영향력'은 사회적 지위가 높다고 해서 생기는 능력이 아닙니다. 객관적인 스펙이나 자본이 많다고 해서 갖춰지는 능력도 아닙니다. 영향력이란 개인의 성품과 인생관, 살아온 방향과 이상 등 한 개인이 타인으로 하여금 자발적인 동의와 변화를 이끌어낼 수 있는 전인격적 매력이라고 할 수 있겠습니다.

이상과 신념을 가지고 세상을 바꾸는 영웅이 되기로 다짐한 청춘들이 거쳐야 하는 첫 관문은 끊임없이 요구되는 '비교'와 '경쟁에서의 승리'라는 압박에서 벗어나는 것이라고 이야기했

지겹지 않니, **청춘노릇**

지요. 그러기 위해서는 자본주의가 세뇌시켜놓은 인생의 지향
점인 '성공'이라는 개념을 자신의 인생관에서 지울 수 있어야
합니다. 그리고 그 자리에 '영향력'이라는 새로운 가치가 열정
의 지향점이 될 수 있도록 해야 합니다.

저는 '영향력'이야말로 청춘들에게 어울리는 참된 인생의 목
표이자 꼭 갖추어야 하는 능력이라고 생각합니다. 무엇을 하고
사는가는 그리 중요하지 않습니다. 인생을 살며 직업은 몇 번
이고 바뀔 수 있습니다. 직업은 인생의 가치를 이루어가는 수
단일 뿐이지 꿈이나 인생의 본질이 될 수는 없습니다.

정말 중요한 것은 '어떻게, 왜 살아가느냐'에 대한 답입니다.
삶의 이유와 태도에 관한 질문이야말로 인생 본질에 대한 탐구
이며 해답이 될 수 있는 것이지요. 그런 의미에서 영향력이라
는 개념은 참다운 인생의 방향과 태도를 고민하는 청춘들에게
좋은 해답이 되어줄 것이라 믿어 의심치 않습니다.

전 세계를 상대하는 글로벌 기업을 만들겠다는 말보다는, 전
세계 사람들의 삶을 바꾸는 건강한 기업을 만들겠다는 말이 더
욱 멋져 보입니다.

한 국가의 대통령이 되겠다는 꿈보다는, 국민들이 존경하고
따를 만한 사람이 되겠다는 꿈이 훨씬 아름다워 보입니다.

자신의 이야기로 인해
누군가의 자발적인 변화를
이끌어 낼 수 있다면
이미 영향력이라는
놀라운 초능력을 가진 것입니다.

　학생들을 가르치는 교수가 되겠다는 목표보다는, 제자들이 스스로 선생이라고 부를 만한 사람이 되겠다는 목표가 더 매력적입니다.

　어떤 직업이 아니라 어떤 사람이 되겠다는 생각, 어떤 일을 하는 것이 아니라 어떻게 일하겠다는 생각, 무엇을 하며 살 것인지를 고민하기보다 어떠한 인생을 살 것인지 고민할 수 있는 사람이 바로 영향력이라는 새로운 인생의 지향점을 품은 사람입니다.

　젊음의 시절이 모두 지나가기 전에, 자신의 인격이나 신념 혹은 자신의 이야기로 인해 누군가의 자발적인 변화를 이끌어 낼 수 있다면 여러분은 이미 영향력이라는 놀라운 초능력을 가지게 된 것입니다.

자기이해력, 정체성에 대한 끊임없는 탐구
세상을 바꾸는 젊은 영웅에게 필요한 두 번째 힘

핸드스튜디오에서는 매년 "당신에게 회사는 어떤 곳입니까?"라는 질문으로 영상인터뷰를 실시합니다. 직원들에게는 주어진 질문에 대해 충분히 고민할 시간이 주어지고, 그 시간을 통해 모든 구성원들은 진지하게 지금 자신이 속해 있는 핸드스튜디오라는 회사가 과연 자신에게 어떤 곳인지를 깊이 있게 고민하게 됩니다. 간단한 질문이지만 꽤 오랜 시간을 두고 진행되지요.

누군가가 말했듯이 '사람은 생각 없이 살다보면 사는 대로 생각하는 존재'입니다. 매일 반복되는 일상에 젖어 그저 시간을 보내다보면 어느새 본인의 의지나 의식은 없어지고 시스템이나 시류에 휘둘리며 의미 없는 시간을 보내게 되는 것이지요. 핸드스튜디오의 직원들도 마찬가지입니다. 지금 내가 속한 공동체와 조직이 자신에게 어떠한 의미인지를 매일 새롭게 생각하지 않으면 금세 자신의 인생은 사라지고 조직이 요구하는 사람이 되고 맙니다. 모든 구성원에게 '당신에게 핸드스튜디오란 어떤 곳입니까'라는 질문을 매년 똑같이 던지는 이유는 바로 여기에 있습니다. 구성원들이 반복되는 일상에 젖어 시스템의 부속물로 살아가는 것이 아니라, 주체적인 생각과 의미로 하루를 채워가기를 바라는 마음에서 시작하게 된 연례행사인 것입니다.

제가 젊은 영웅들에게 반드시 갖춰야 한다고 이야기하고 싶은 또 하나의 능력은 바로 '끊임없이 생각하는 능력'입니다. 반복되는 일상에 회의를 느낄 줄 알고, 당연하다고 여기는 것에 반문할 수 있는 힘이야말로 주체적인 인생을 살고자 하는 영웅에게 빼놓을 수 없는 능력입니다.

이 능력의 중요한 포인트는 무엇보다도 끊임없이 반복할 수 있는가 하는 점입니다. 어제의 뉴스가 오늘은 아무런 의미가 없듯이, 과거에 했던 고민과 그로 인한 삶의 의미는 오늘을 살아가는 데에는 아무런 도움이 되지 않습니다. 시간이 지남에 따라 세상 만물이 모두 변하듯이, 인생의 의미 또한 늘 새롭게 변하기 마련이기에, 우리는 현재라는 시점에 곧게 서서 매일매일 나를 둘러싼 환경과 스스로에게 질문을 던질 수 있어야 합니다.

그럼 우리는 어떤 생각을 해야 할까요?

이 질문에는 참 많은 대답을 할 수 있습니다. 하지만 저는 꿈을 키우고 인생의 방향을 결정해야 하는 청춘 시절에는 무엇보다도 '자기 탐구'의 시간이 필요하다고 이야기하고 싶습니다.

혹시 해외로 여행을 가보신 적이 있습니까?

대학 시절, 여행을 좋아했던 저는 방학 때마다 세계 오지를 찾아다니며 젊음을 누렸습니다. 낯선 곳에서 갖게 되는 새로운 생각이야말로 저의 젊은 시절을 이끈 원동력이었지요.

언젠가 몇몇 친구들과 함께 세계의 지붕이라고 일컬어지는 티베트로 여행을 떠난 적이 있었습니다. 배낭여행자들에게 워낙 사랑받는 여행지인지라 제가 갔을 때에도 이미 전 세계에서 모여든 여행자들로 장사진을 이루고 있었지요.

여정이 계속되던 어느 날 아침, 저는 평소보다 일찍 일어나

짐을 챙겨 로비로 나왔습니다. 그날은 티베트 중심가에서 조금 멀리 떨어진 곳을 여행하기로 했기에 이른 새벽부터 길을 나서야 했지요. 워낙 이른 시간이었기에 저는 제가 가장 먼저 일어났겠지 했는데, 1층 라운지에는 이미 많은 여행자들이 그날의 여정에 오를 채비를 하고 있었습니다.

예약한 렌터카가 도착하기를 기다리면서 저는 로비에서 분주하게 움직이는 여행자들을 물끄러미 쳐다보며 한참을 앉아 있었습니다. 그런데 그때 저는 재미있는 점을 하나 발견했습니다. 여행자들이 공통적으로 하는 행동이 있었거든요. 여행지로 떠나기 전에 대부분의 여행자들은 로비에 있는 카운터에 들러서는 안내원에게 이렇게 물었습니다.

"혹시 이 도시의 지도를 한 장 얻을 수 있을까요?"

그러면 안내원은 능숙한 동작으로 비치되어 있는 티베트의 관광지도를 한 장 건넸습니다. 지도를 받아 든 여행자들은 하나같이 안내원에게 다음과 같은 질문을 했습니다.

"혹시 이 지도에서 제가 어디에 있는지 표시해주실 수 있나요?"

그리고 안내원은 볼펜으로 지도 위에 현재의 위치를 동그랗게 표시해주었죠.

새로운 인생의 갈림길에 서 있는 이들이
자신이 가야 할 곳을 찾기 위해서
필요한 첫 질문은
'어디로 가야 할까요?'가 아니라
'나는 지금 어디에 서 있나요?'입니다.

저는 이 여행자들의 행동을 통해 인생의 비결을 하나 터득할 수 있었습니다. 그것은 어디론가 가고자 하는 사람은 반드시 자신이 지금 어디에 있는지를 먼저 알아야 한다는 것이었습니다. 낯선 곳을 여행하는 이들이 지도 위에서 자신의 위치를 알게 되면 어디로든지 떠날 수 있고, 언제든지 돌아올 수 있는 것처럼, 새로운 인생의 갈림길에 서 있는 이들이 자신이 가야 할 곳을 찾기 위해 필요한 첫 질문은 '어디로 가야 할까요?'가 아니라 '나는 지금 어디에 서 있는가?'라는 사실을 알게 된 것이지요.

●

대학 시절, 여러 교수님들의 가르침을 통해 자신의 위치와 본질에 대한 이런 질문을 '정체성identity에 대한 고뇌'라고 부른다는 것을 알게 되었습니다. 정체성이라는 단어의 학술적 정의는 참 다양하지만, 제가 이해했던 정체성의 의미는 '자신이 누구이고, 어떠한 사람이며, 어떠한 곳에서 태어났고, 어떠한 시대와 환경을 살아가고 있는지에 대해 스스로 동의하는 답', 즉 자기이해에 관한 것이었습니다.

아마도 한 번쯤은 자신의 진로와 선택 앞에서 심각한 고민을 해본 적이 있을 겁니다. 저를 찾아왔던 수많은 젊은 후배들 중에도 '어디로 가야 할까요' '무엇을 할까요'라는 내용으로 고민하는 청춘들이 참 많았습니다. 하지만 대다수가 어떤 목적지를 선택할 것인가를 고민할 뿐 지금 자신이 어디에 서 있는지는 충분히 고민해보지 않았더군요. 예를 들어, 평생을 함께 살아갈 반려자를 선택하면서 어떤 사람이 좋은 반려자인지를 고민하는 청년은 보았지만, 자신이 어떤 사람이고 어떤 가치관을 가지고 있는지를 먼저 고민하는 사람은 없었습니다.

정체성에 대한 고민은 자신의 성품과 가치관, 혹은 본성과 같은 내면적 이해만을 뜻하지 않습니다. 그동안 자신을 둘러싼 모든 관계와 환경, 나아가 시대적 의미까지 고뇌하는 것을 의미합니다. 이러한 생각의 과정은 우리로 하여금 놀라운 선물을 가져다줍니다.

예를 들어, 현재 누구나 자본주의 시대에 살고 있지만, 자아를 탐구한 이들에게 자본주의는 제각기 다른 의미를 가지게 됩니다. 시대의 패러다임에 충실한 보편적 가치가 자아 탐구를 통해 개인의 역사와 철학으로 재해석되면서 개인적 특별성을 낳게 되는 것입니다. 내가 내린 탐구의 결론이 맞는지 안 맞는지는 중요하지 않습니다. 중요한 것은 어느 하나 '그냥'이라는 것이 없고, 나를 둘러싼 모든 것이 의미가 되어 새로운 미래를 결정하는 기준이 된다는 것입니다.

마치 여행을 떠나는 자가 자신의 위치를 알면 그것을 기준으로 어디로든 출발할 수 있는 것처럼 내가 서 있는 곳, 즉 정체성에 대한 고뇌를 쉬지 않는 자들은 한 번도 가지 않은 낯선 곳일지라도 어떻게 가야 하는지를 알게 되는 것이지요.

그 처음은 매우 주관적이며 얕은 수준에서 시작할 것입니다. 나는 성격이 어떻고, 어떠한 기질을 가졌으며, 어떤 것을 선호하는지 정도로 시작하게 되겠지요. 하지만 그 생각이 깊어지고 관심이 많아질수록, 곧 자신을 향한 질문이 매우 깊은 수준까지 도달하는 것을 발견하게 될 것입니다.

누구나 살아가는 시대가 아니라, '내가' 살아가는 시간을 고민하게 될 것입니다. 누구나 살고 있는 한국이 아니라, 내가 살고 있는 한국에 대해 고민하게 될 것입니다. 누군가의 첫째아들이 아니라, 내 아버지의 첫째아들로서 내가 해야 하는 일들을 받아들이게 될 것입니다.

어쩌면 영웅은 보통 사람들의 시선에서는 하지 않아도 되는 일들을 하고 있는지도 모릅니다. 그러면 영웅들은 왜 보통 사람들이 하지 않는 행동을 하는 것일까요?

그것은 영웅들에게는 그런 행동들이 보통이기 때문입니다. 그들은 자신과 자신을 둘러싼 환경에 대한 이해, 즉 정체성에 대한 고뇌의 깊이가 다릅니다.

고민은 늘 인생의 새로운 의미를 제공합니다. 그리고 이 의미는 내일을 살아가는 또다른 힘이 되고 동기가 됩니다. 깊이 있게 많이 고민한 사람만이 누구보다 더 큰 열정으로 살아갈 수 있습니다.

아마 여러분은 영웅을 소재로 한 영화를 많이 봤을 것입니다. 히어로가 등장하는 영화에서 하이라이트 장면은 주로 어떤 것인가요? 당연히 영웅이 악당들을 멋지게 물리치는 액션신이겠지요? 하지만 조금만 더 유심히 영웅들의 이야기를 살펴보면 모든 영웅은 영웅이 되기 전 자신의 존재와 사명에 대해 충분히 고뇌하고 깨닫는 시간이 있었음을 떠올리게 될 것입니다.

고민은
늘 인생의 새로운 의미를 제공합니다.
깊이 있게, 많이 고민한 자만이
타인보다 더 큰 열정으로
살아갈 수 있습니다.

청춘의 시절만큼 편견과 제약 없이 마음껏 고민하고 고뇌할 수 있는 시간이 또 있을까요? 지금 자신이 서 있는 곳을 알게 되면 어디든지 떠날 수 있었던 여행자처럼, 여러분도 자신이 누구인지를 더 많이 알게 될수록 더 다양하고 흥미로운 곳으로 떠날 수 있을 것입니다. 아울러 혹여 잘못된 길을 선택하게 되었을 때도 다시 본래의 자기 자리로 금세 되돌아올 수 있을 것이라 믿습니다.

저는 남들보다 비교적 일찍 성공한 몇몇 사람들을 본 적이 있습니다. 그리고 불행히도 그들 중 상당수가 갑자기 다가온 성취에 도취되어 초심을 잃고 암울한 인생을 살아가는 것 역시 목격했습니다. 그들을 지켜보면서 그들에게서 발견한 한 가지 공통점은 자신의 본질에 대해 충분히 고민한 적이 없었다는 것입니다. 사회적 지위가 올라가면 자신의 인격도 훌륭해진다고 생각하는 사람, 사회적으로 성공한 것이 인생의 성공이라고 믿는 사람, 우리는 이런 불행한 사람들을 많이 알고 있습니다.

고 함석헌 선생님의 책 중에는 다음과 같은 제목의 책이 한 권 있습니다.

'생각하지 않는 백성은 망한다'

저는 이 책 제목을 인용하면서 청춘들에게 이렇게 당부하고 싶습니다.

'자신에 대해 충분히 생각하지 않는 청춘은 결국 망한다.'

자신을 향한 이해와 탐구, 모든 관계들과 환경 그리고 내가 살아가고 있는 이 시대와 패러다임까지 오로지 자신이라는 본질적 이해 한가운데에서 끊임없이 되짚는 고뇌의 시간을 통과해야만 흔들리지 않는 인생을 살아갈 수 있습니다.

누군가 이야기하기를, 흔들리지 않고 피는 꽃은 없다지요. 하지만 우리가 꾸는 꿈은 저기 길가에 혼자 핀 꽃 한 송이가 되는 것이 아니라, 수많은 이들이 쉬어갈 만한 튼튼하고 큰 그늘을 가진 푸른 나무가 되는 것이기에 우리는 흔들리지 않도록 더욱 깊이깊이 뿌리를 내려야 하는 것입니다.

여러분은 레오나르도 다빈치의 그림과 미켈란젤로의 그림 중 어느 것이 더 훌륭하다고 생각하나요?

이 질문에 쉽게 대답할 수 있는 사람은 아마 없을 겁니다. 우리는 다빈치와 미켈란젤로 중 누가 더 낫다는 평가 대신 다빈치의 작품은 이렇고, 미켈란젤로의 작품은 이렇다고 이야기할 뿐입니다.

저는 '탁월함excellence'에 대한 정의가 이와 같다고 생각합니다. 다빈치와 미켈란젤로의 작품에 대해 어느 것이 더 우월하다고 말할 수 없듯이, 탁월함이란 '다른 무엇과도 비교되지 않는 수준'을 뜻한다고 생각합니다. 우리가 흔히 '잘했다' 하고 이야기할 때 그 이면에는 비교우위적 판단이 담겨 있습니다. '저 사람보다 낫다' 혹은 '내가 봤던(경험했던) 것 중 우수하다' 등 상대적 기준과, 그 기준에 따른 어느 정도의 만족감이 들어 있는 것이지요.

하지만 앞서 말한 것처럼 '탁월하다'는 표현은 비교우위의 기준으로 사용되는 표현은 아닙니다. '누구보다 잘했다' '무엇보다 잘했다'라는 말이 아니라, 평가자가 경험해보지 못한 새로운 감정과 영감을 불러 일으키는 대상에 대해 우리는 '탁월하다'는 표현을 사용합니다.

모든 전문 분야에는 이 탁월함, 즉 '비교되지 않는 수준'이라는 것이 있습니다. 그리고 누구나 꾸준히 최선을 다하면 이 수준을 경험할 수 있습니다. 애당초 탁월함이라는 것은 1인자들의 소유물이 아닙니다. 일정 수준 이상의 전문성을 가지고 자신의 독창적인 생각이나 세계관을 그 분야에 녹여낸다면 누구나 도달할 수 있는 영역입니다.

어떤 분야를 탐구하고 있다면 우리의 목표는 '탁월함'이 되어야 합니다. 어렸을 때부터 세뇌당했던 1등, 2등, 하는 식의 서열이 목표가 아니라, 그 누구에게도 비교되지 않고 그 어떤 기준으로도 평가되지 않는 탁월함이야말로 우리의 목표여야 합니다.

‘어떤 사람이 되는가’는 그 사람이 어떤 생각을 품고 사느냐에 따라 달라진다고 이야기합니다. 석차나 서열만 목표로 삼는다면, 언제나 그 프레임 안에서 정해놓은 기준으로만 평가될 수밖에 없습니다. 하지만 탁월함의 경지를 목표로 삼고 노력하면 우리의 인생은 자신의 주체성을 잃지 않으면서도, 결코 비교당하지 않는 전문성을 확보할 수 있습니다.

미켈란젤로와 다빈치 역시 그림을 처음 배웠을 때는, 화가라면 누구나 거쳐야 했던 기초적이며 공통적인 학습 기간이 있었을 것입니다. 그리고 그 기간 동안은 그들 역시 ‘누구보다는 못하고 누구보다는 잘한다’는 서열적 평가를 받았겠지요. 하지만 그것은 평가자의 시선일 뿐, 그들에게는 결코 ‘세계 1위가 되겠다’라는 식의 목표가 있지 않았을 것입니다. 만약 그들이 단지 1등 화가를 목표로 삼았다면, 결코 시대를 초월하는 걸작을 만들 수 없었을 것입니다.

한 분야에서 거장master이라고 불리는 이들은 절대 타인의 평가기준을 크게 신경 쓰지 않습니다. 일정 수준 이상의 전문성을 가지게 되면 그다음 중요한 것은 자신만의 생각과 세계관을 그 분야에서 구축하는 것입니다. 재미있는 사실은 우리가 오늘날 탁월하다고 생각하는 인물들 중 상당수가 그가 살았던 당대에는 매우 열등한 평가를 받았다는 점입니다.

아마도 이 책을 읽고 있는 분들 대부분은 지금 한 전문 분야에서 누구나 거쳐야 하는 공통적이면서도 기초적인 학습 기간을 보내고 있을 것입니다. 이 말은 여러분 역시 사회가 정해놓은 비교우위적 평가를 받고 있는 시기라는 뜻이지요. 하지만 이러한 평가에 크게 신경 쓰거나 휘둘릴 필요는 없습니다. 다시 한 번 이야기하지만, 애당초 전문성에 대해 우리가 목표로 해야 하는 지향점은 결코 등수가 아니기 때문입니다. 시대적 기준과 사회적 평판을 넘어 누구에게도 비교되지 않는 수준, 그것이야말로 세상을 바꾸어가는 영웅들이 목표로 해야 하는 지점입니다.

저는 가끔 실력은 있으나 오히려 그 실력의 노예가 된 기성세대들을 보곤 합니다. 그들은 어린 시절부터 석차나 서열만을 중요시 여기며 자신의 전문성을 키워왔기에 그 기준에 맞지 않는 사람과 사고는 모두 열등한 것으로 보는 성향이 있습니다.

그런 사람들에게 시대를 뛰어넘는 진보는 허용되지 않으며, 혁신이나 창조의 기적도 결코 수용할 수 없는 단어입니다. 스티브 잡스와 같이 세상을 깜짝 놀라게 하는 혁신을 만든 이들

'어떤 사람이 되는가'는
그 사람이 어떤 생각을 품고 사느냐에 따라
달라진다고 합니다.
탁월함을 목표로 삼고 노력하면
자신의 주체성을 잃지 않으면서도,
비교당하지 않는 전문성을
확보할 수 있습니다.

은 단 한순간도 자신의 주체성과 창조성을 포기하지 않았습니다.

자, 그럼 지금부터는 그 누구에게도 비교되지 않는 탁월한 인물로 성장할 여러분을 응원하면서 도약의 과정 속에서 만나게 될 어려움을 극복하는 몇 가지 팁을 알려드리겠습니다.

1. 로켓에게 배우는 버림과 채움의 미학

지상에서 쏘아올린 로켓이 우주까지 날아가려면 많은 과정과 그 과정에 맞는 적절한 운영전략이 필요합니다. 대류권과 성층권을 지날 때의 운영방식이 다르고 우주에 도달했을 때의 운영방식이 또 다릅니다.

예를 들어 지상에서 도약하기 시작하여 대기권을 통과할 때는 강력한 추진체가 필요합니다. 폭발하듯이 뜨거운 화염을 내며 높이 오르는 로켓을 종종 텔레비전에서 보았을 것입니다. 하지만 일정 높이 이상 올라간 로켓은 그동안 자신의 추진체로 사용하던 연료탱크를 버리게 됩니다. 몸을 더 가볍게 하여 더

적은 연료로 더 높이 올라가기 위함이지요. 그렇게 로켓은 최소한의 연료만으로 새로운 구간을 돌파합니다. 마침내 우주에 다다른 로켓에는 이제 아무런 추진체가 남아 있지 않습니다. 길쭉한 몸체를 가졌던 로켓은 최종적으로 조그맣고 작은 원뿔형의 앞부분만 남게 되지요. 그리고 이 핵심 장치만 가진 채 지구의 자전궤도에 몸을 맡깁니다.

이런 로켓의 운영과정은 탁월함을 향해 달려가는 사람들과 매우 닮았습니다. 이제 막 한 전문 분야를 선택하고 탐구를 시작한 이들은 마치 지면을 차고 올라가기 시작한 로켓과 같습니다. 엄청난 열기와 굉음을 뿜어내며 올라가는 로켓처럼 이 단계를 지나는 사람들에게는 '열정'과 '노력'이라는 폭발적인 에너지가 필요합니다. 자신의 재능이나 환경을 탓하지 않고 한 분야에 대한 끊임없는 애정으로 쌓아가는 최선의 시간이야말로 우리를 바닥과 같은 무지함의 세계에서 새로운 사고의 창공으로 데려다주는 안내자가 될 것입니다.

하지만 한참 올라가다보면 실력은 상승하지만 '차원'은 변하지 않는다는 것을 곧 느끼게 됩니다. 전문성을 탐구하다보면 막연하지만 더 높은 경지, 상상하지 못한 사고의 세계, 그리고 혁신이란 세상이 존재한다는 것을 경험하게 되지요. 하지만 동시에 지금의 내 방법과 노력만으로는 닿을 수 없는 '차원'이라는 생각도 들게 됩니다. 마치 로켓이 대기권을 지나 새로운 구간에서는 새로운 방법으로 앞으로 나아가듯, 우리에게도 이전과는 다른 방법의 노력이 필요하게 됩니다.

혹시 이 구간에 도달했다고 생각된다면 로켓과 같이 자신을 버리는 연습을 한번 해봅시다. 로켓이 더 높은 곳을 향하기 위해 몸을 가볍게 했듯, 그동안 매일 채우기 위해 노력했던 방식에서 비우는 연습을 해보는 것입니다.

예를 들어 자신도 모르게 스스로를 제한하고 가둬두었던 세계관이나 습관은 없는지, 혹은 나의 창의성을 가로막고 있는 선입관이나 아집에 사로잡혀 있진 않은지를 살피고 버리는 것입니다. 어쩌면 지난 시간 당신을 이곳까지 올라오게 했던, 당신이 자랑하는 그 열정과 노력마저도 더 나아가는 과정에서는 방해가 될 수 있습니다.

자, 저 멀리 더 높은 곳을 향해 올라가는 로켓처럼 우리가 시작한 이 탁월함의 여정에서도 다양한 구간들이 우리를 기다리고 있을 것입니다. 한때 폭발하듯 쏟아부었던 열정을 때로는 버려야 할 때가 올지도 모릅니다.

하지만 절대 포기하지는 맙시다. 지구의 자전궤도에 따라 저

때로는
열정과 노력마저도
목표에 방해가 될 수 있습니다.

버려야 할 때가
있다는 것 또한
기억해야 합니다.

넓은 우주를 유유히 떠다니는 위성들처럼, 언젠가 우리 역시
진리를 깨닫고 자유로운 세상을 경험하게 될 테니 말입니다.

2. 따뜻한 현자가 되시기 바랍니다

파편적인 정보들을 가지고도 세상을 꿰뚫는 지혜를 그려낼
줄 알아야 합니다. 그러기 위해 꽉 막힌 지금의 현실에서도 꿈
과 상상이 담긴 빅픽처Big picture를 그리는 연습을 많이 했으면 좋
겠습니다. 또 한편으론 지나칠 정도로 차갑고 논리적인 많은
이론을 대했으면 좋겠습니다.

그렇게 젊음의 시간을 꾸준히 보내다보면, 이 두 가지는 '전
략과 전술' 혹은 '목적과 방법'이라는 사고의 테두리 안에 자
리를 잡고는 까칠하고 염세적으로 세상을 바라보지 않아도 지
극히 합리적인 직관에 따라 판단할 수 있으며, 하나의 결정에
도 많은 수數를 담아낼 줄 아는 깊은 지혜를 소유하게 될 것입
니다.

하지만 무엇보다도 합리合理의 명분에 빠져 이리저리 판단하
기 좋아하는 사람이 되지 말고, 더 손해보고 더 힘들더라도 먼
저 손을 내밀고 도전할 수 있는 따뜻한 실천가가 되었으면 좋
겠습니다. 그것이 세상을 바꾸어가는 청춘들이 가지는 탁월함

의 이유일 것입니다.

3. 오르는 자에게는 정상이 보이지 않습니다

어렸을 적 아버지와 함께 등산을 간 적이 있습니다. 산기슭 주차장까지 차를 타고 가서는 간단히 짐을 챙겨 본격적인 등반을 시작하기로 했습니다. 주차장에서 아버지는 정상을 손으로 가리키며 말씀하셨습니다.

"오늘 오를 곳이 바로 저기란다."

아버지의 손끝을 따라 바라본 정상에는 청아한 하늘에 흰 구름이 한 점 걸려 있었습니다. 바위로 이루어진 정상은 푸른 하늘과 어울려 한 폭의 동양화처럼 보였지요.

'저기서 내려다보는 풍경은 어떨까' 하고 생각하니 어서 올라가고 싶은 생각이 절로 들었습니다. 그렇게 산을 오른 지 한두 시간쯤 지났을까요?

온몸에 땀이 흐르고 숨은 가빠지기 시작했습니다. 저는 급격하게 체력의 한계를 느꼈습니다. 그때 문득 등반을 시작하기 전 보았던 정상의 모습이 다시금 보고 싶어졌습니다. 그래서 가만히 고개를 들었지요. 하지만 그 어디에도 정상은 보이지 않았습니다. 우거진 숲에 가려 제가 볼 수 있는 것이라곤 단 10미터

앞의 길뿐이었지요.

아버지가 말씀하셨습니다.

"얼마 남지 않았다. 조금만 더 오르면 된다."

힘들었지만 저는 다시 1시간가량을 묵묵히 올랐습니다. 하지만 이젠 정말 숨이 턱까지 차오르고 심장은 터질듯이 뛰어 매우 괴로운 상태가 되었습니다. 본능적으로 저는 다시 정상이 어디에 있는지를 확인하고 싶어졌습니다. 하지만 역시 정상은 보이지 않았습니다. 오히려 이전보다 더욱 우거진 수풀로 인해 채 5미터 앞도 보이지 않더군요.

탁월함을 향한 노력의 과정도 이와 같지 않을까 생각해봅니다. 한 사람이 어떤 분야에 관심을 가지기 시작할 때는 가야 할 정상이 비교적 잘 보이는 법입니다. 주차장에 서 있는 등산객처럼 누구나 '자신이 가야 할 정상이 어디인지를 바라보며 이 정상의 끝에서 무엇을 할지' 마음껏 상상할 수 있습니다.

하지만 일단 그 안으로 발을 내딛게 되면 이야기는 조금 달라집니다. 산행을 시작한 저에게 더 이상 정상이 보이지 않았던 것처럼, 한 분야를 선택하고 시작한 이들 역시 그들이 처음 보았던 목표와 흥분의 장면은 더 이상 보이지 않게 될 것입니다. 길을 오르면서 만나는 여러 현실적 어려움들과 자신의 한

계들이 마음의 눈을 가리니까요.

숨이 차고 심장박동이 빨라질수록 우리는 정상을 눈으로 확인하며 스스로를 격려하고 싶어지지만, 아이러니하게도 정상에 가까이 가면 갈수록 정상은 더욱 꼭꼭 숨어 보이지 않습니다.

산행을 통해 얻을 수 있는 교훈은 바로 이것입니다. 한 분야에 뜻을 가지고 최선의 길을 걷고 있는 이에게는 결코 그 정상이 쉽게 보이지 않습니다. 숲속에서는 한 걸음을 내디디면 딱 그다음 한 걸음만큼만 보입니다. 그리고 우리가 가는 이 노력의 길 역시 숲속의 길과 닮았습니다.

등반을 시작할 때 여러분이 올려다보았던 목표와 정상의 풍경이 잘 보이지 않게 되었을 때 낙담하지 않았으면 합니다. 어쩌면 그것은 지금 여러분이 그 분야의 가장 깊숙한 곳에 들어왔다는 방증일 수 있으니까요. 우리는 기억해야 합니다. 길은 항상 끝이 있고, 아무리 높은 산이라도 사람이 오르지 못할 곳은 없다는 것을요.

한 걸음이 만드는 다음 한 걸음, 그리고 다시 이어지는 다음의 걸음이 반드시 여러분이 목표로 하는 정상으로 데려다줄 것입니다. 정상이 보이지 않는다고 염려하지 마세요. 그만큼 가까이 왔다는 뜻이기도 합니다.

정상이, 목표한 곳이
잘 보이지 않는다고
걱정하지 마세요.

그만큼 가까이 왔다는
뜻이기도 하니까요.

4. 진정한 의미의 최선을 다해야 합니다

　지난 몇 년간 핸드스튜디오에 들어왔던 수천 개의 이력서를 살펴보다가 거의 모든 젊은이들이 사용한 공통된 표현 하나를 발견했습니다. 바로 '저는 최선을 다해왔습니다'라는 말입니다. 재미있는 화두인 것 같아 '최선을 다했다'라는 문장을 중심으로 그들이 기술한 '최선'의 내용들을 다시 살펴보기 시작했습니다. 그리고 얼마 지나지 않아 저는 슬픈 사실을 발견했습니다. 모든 청년들이 최선을 다했다고 이야기하지만 그들의 최선은 각기 정도^{depth}가 다르다는 것을요.

　'성실과 최선이 어느 정도가 되어야 하는지'에 대해 묻는 후배들이 그동안 참 많았습니다. 이렇게 대답하면 될 것 같습니다. '최선을 다했다'는 말은 자기가 스스로에게 쓸 수 있는 표현이 아니라 오직 다른 사람들이 그를 가리킬 때 쓸 수 있는 표현이라고요.

　그리고 한 가지 더 짚고 넘어가자면, 성실은 일을 조금 더 하는 것을 의미하지 않습니다. 성실은 단지 불평하지 않고 꾸준히 하는 것이 아닙니다. 성실은 소중한 것을 진실하게 지키는 변함없는 의지이자, 대가^{代價} 없는 지속적인 자발성입니다.

　무언가를 지키고 싶거나 이루고 싶다면, 가장 가까운 이들로

하여금 "넌 정말 최선을 다했어"라는 말을 들을 때까지 최선을
다합시다. 또한 다른 이들보다 조금 더 일한 것으로 자신의 성
실성을 평가받거나, 불평하지 않고 꾸준히 했다는 사실만으로
누군가에게 칭찬을 받지 맙시다. 대신 오늘 나에게 주어진 꿈
의 기회와 주변 사람들을 소중히 여기고 이를 진실하게 지키고
자 하는 변함없는 모습으로 인정받읍시다.

이런 진정한 의미의 최선, 그리고 성실이야말로 탁월함을 이
룬 자들의 남다른 재능일 것입니다.

행동지수,
지식을 지혜로 바꾸는 방법

예전에 한 중소기업에서 일한 적이 있었습니다. 이 기업은 지방 도서지역에 영어 화상솔루션을 공급하는 회사로, 낙후된 지역의 아이들에게도 평등한 교육 기회를 제공하자는 큰 비전을 가진 회사였습니다.

하지만 비전의 크기에 비하면 초라할 만큼 매우 작은 규모의 회사이기도 했습니다. 왜냐하면 원어민 영어강사가 들어갈 수 없는 낙후지역에 인터넷 기술을 이용하자는 방식과 취지는 좋았으나, 사실 대부분의 도서지역은 이 솔루션마저 살 수 없는 형편이 대다수였기에 수요가 많지 않았습니다.

비록 경영난에 허덕이던 회사였지만 저는 이 회사가 가진 비전이 무척 마음에 들었습니다. 그리고 그 마음 하나로 남들이 만류하는 이 회사에 입사하게 되었습니다.

제가 입사한 지 2~3개월쯤 지났을 때였을까요. 드디어 회사에 큰 기회가 찾아왔습니다. 당시 정부가 영어교육을 강조하면서, 지방 도서지역의 학생들을 위한 대책으로 화상솔루션에 관심을 가지게 되었고, 100억 원 규모의 예산이 편성된 것입니다.

예산을 집행하는 과정은 이러했습니다. 우선 중앙교육청은 100억 원의 예산을 전국 팔도의 교육청으로 분산시켰습니다. 그리고 각 도 교육청은 다시 자신의 전 지역 초 · 중 · 고등학교에 공문을 내려 이 교육시스템을 도입하고자 하는 학교의 신청을 받았지요. 한편 집행 과정에서 비리를 막기 위한 방법으로 화상솔루션 업체의 선정은 일괄적으로 하지 않고, 각 학교 담당자의 자율권한에 맡기기로 했습니다. 물론 공정한 경쟁을 위해 예산 집행에서 발생하는 모든 정보, 예를 들어 어느 학교가 신청을 했고, 얼마의 예산을 신청했는지는 외부업체들에게 공개하지 않았습니다.

당시 지방 도서지역에 화상솔루션을 제공할 수 있는 국내 업체가 대략 10개 정도 있었는데, 규모 면에서 제가 몸담고 있던 회사는 단연 꼴찌였습니다. 그도 그럴 것이, 이 회사는 수익보다는 양질의 교육에 초점을 맞추고 있었기에, 그동안의 사업

실적 대부분이 거의 자선활동에 가까운 것이었습니다.

어쨌든 10개 업체들은 정부가 시행하는 100억 원의 사업에 신청한 학교 리스트를 알아내기 위해 매우 혈안이 되어 있었습니다. 어느 지역, 어느 학교가 신청했는지만 알아도 타사와의 영업경쟁에서 우위에 설 수 있다는 것은 자명했으니까요. 어느 업체가 얼마나 빠르게, 정확한 정보를 찾아내는가가 관건인 상황이었습니다.

저 또한 그 정보를 알아내기 위해 각 도 교육청의 책임자를 찾아가 회사의 우수성을 열심히 설명했습니다.

하지만 돌아오는 대답은 한결같았습니다.

"네, 다른 곳보다 좋다는 것은 알겠습니다. 하지만 저는 어떤 학교가 신청했는지를 절대 알려줄 수 없습니다. 그것이 방침입니다."

아무리 머리를 써봐도 알아낼 방법이 없어 보였습니다. 문제를 해결하기 위해 고민하는 동안 몇몇 업체들은 평소 친한 공무원들에게 로비를 하면서 정보를 알아냈다는 소문도 들려왔습니다. 제가 마냥 고민하는 동안 회사의 다른 팀원들은 지푸라기라도 잡는 심정으로 전화번호부에 적힌 수만 개가 넘는 학교에 전화를 하고 있었지요.

"안녕하세요 선생님, 혹시에 이번 정부가 시행하는 영어 화상솔루션 도입 정책에 참여하지 않으셨나요?"

물론 돌아오는 대답이라곤 한결같이 "아니요, 잘 모르겠습니다" 뿐이었죠. 정말 서울에서 김 서방 찾기였습니다.

이 이야기의 결론을 먼저 말씀드리면, 저는 정책이 시행된 후 단 이틀 만에 이 사업에 참여한 전국의 모든 학교 리스트를 찾아냈습니다. 그리고 신청자 중 60퍼센트가 넘는 학교의 선택을 이끌어냈습니다. 10개 업체 중 늘 꼴찌였던 회사가 가장 많은 수주를 달성한 것이지요.

●

그러면 저는 어떻게 이 문제를 해결할 수 있었을까요?
그 추론의 과정은 아래와 같습니다.

한 학교가 정부 정책에 참여하기 위해서는 반드시 담당자가 있을 것이고, 그 담당자 역시 공무원일 것이다. 아울러 이렇게 큰 정책을 시행하는 중앙기관은 반드시 신청자들을 모아 정책설명회를 열었을 것이다. 그러면 정책설명회에 참석해야 했던 학교 담당자, 즉 각 공무원들은 설명회가 열리던 그날 중앙기관으로 출장을 간 셈이다. 그렇다면 출장 가는 사람들은 어떻게 할까? 그들은 자신이 소속된 기관에 반드시 출장보고서를 쓸 것이고, 그날 행사에 참여했다는 일종의 증명서를 다시 받아 자신이 소속된 학교에 제출했을 것이다.

여기까지 생각한 저는 모든 검색사이트를 이용하여 정부가 정책을 발표한 시점부터 그 당일까지의 출장보고서를 닥치는 대로 검색하기 시작했습니다. 그리고 제가 찾던 것과 가장 유사한 '출장확인서'라는 문서 한 부를 어느 기관 게시판에서 찾게 되었습니다. 제가 찾은 이 출장보고서가 과연 찾고 있던 것이 맞는지는 재차 확인해볼 필요가 있었습니다. 저는 동료들과 함께 떨리는 마음으로 리스트 가장 위에 있는 한 학교에 전화를 걸었습니다.

"거기 ○○ 고등학교이지요?"

"네, 맞습니다."

"혹시 ○○○ 선생님, 자리에 계신가요?"

"네, 전데요. 무슨 일이시죠?"

지겹지 않니, 청춘노릇

저는 목소리 톤을 한층 밝게하여 태연히 말을 이어갔습니다.

"아 선생님, 안녕하십니까. 저는 영어 화상솔루션 회사에서 일하고 있는 안준희라고 합니다. 혹시 선생님, 이번 정부에서 시행하는 영어 화상솔루션 도입 정책에 신청하셨나요? 다름이 아니라 화상솔루션 업체 정보를 드리려고 연락을 드렸습니다."

제 말이 끝나기가 무섭게 수화기 반대편에서는 반가운 목소리가 흘러나왔습니다.

"아, 안녕하세요. 그런데 어떻게 아셨나요? 그러지 않아도 당장 업체 선정을 하라고 하는데, 정보가 많지 않아 힘들어 하고 있었습니다. 잘되었네요. 저희 학교에 한번 방문해줄 수 있으신가요?"

사실 확인을 위해 건 통화가 바로 그 자리에서 첫 사업미팅으로 이어졌습니다. 저는 벅찬 가슴을 억누르며 조심스레 전화기를 내려놓았습니다. 가슴을 졸이며 제 통화를 함께 듣고 있던 동료들은 벌써부터 저의 대답을 기다리고 있었습니다. 저는 침을 한 번 꿀꺽 삼킨 다음, 대답 대신 세상이 떠내려가라 환호성을 질렀습니다. 그때서야 동료들도 서로 부둥켜안으며 소리를 질렀습니다. 어찌나 기뻤던지, 그때의 흥분은 세월이 지난 지금도 여전히 남아 있습니다.

저는 어떻게 이런 추론을 할 수 있었을까요? 공무원이 출장보고서를 쓸 것이고, 정책설명회를 갈 것이라는 등의 정보는 어떻게 알았을까요?

네, 바로 경험이었습니다. 군복무 시절, 한 간부의 출장보고서를 대신 받으러 간 적이 있는데, 그때 공무원들의 시스템을 접해보게 되었습니다. 사실 제 보직은 군대의 높은 분을 모시는 일종의 비서였기에 문서를 받으러 가는 일은 평소 저의 역할이 아니었습니다. 하지만 마침 출장확인서를 잊고 온 직원이 있었고, 늘 새로운 경험을 좋아하는 저는 대신 가겠다고 자청했지요. 그때의 작은 경험이 풀리지 않는 제 문제에 큰 실마리를 던져준 것입니다.

운이 좋았다고요?

아닙니다. 제 삶에는 이렇게 과거의 경험과 그 경험으로 알게 된 것들이 큰 힘으로 작용한 수많은 순간들이 있었습니다. 일일이 다 나열할 수는 없지만 비교적 젊은 나이에 한 회사를 일으킬 수 있었던 것 역시 학교나 책상에서 얻은 정보가 아니라, 경험으로 얻게 된 일종의 지혜의 힘이었습니다. 당장 알고 있는 정보와 지식만으로는 문제를 풀 수 없을 때, 그 해결의 실마리는 언제나 이전의 경험들을 통해 찾을 수 있었습니다.

●

　한때 IQ가 굉장히 중요했던 시절이 있었습니다. 과거에는 지금과 같이 정보의 저장매체들이 많지 않았기에 오직 사람의 기억력이나 연산능력에 의존하여 정보가 유통되고 해석되었지요. 그렇기에 한 개인이 얼마만큼의 정보를 기억하고 처리할 줄 아느냐가 매우 중요한 능력이었습니다. 그리고 이런 능력의 주요 척도가 바로 IQ였지요.

　하지만 요즘은 어떻습니까? 세상 누구나 정보에 접근할 수 있고, 대부분의 연산 또한 기계가 담당하는 시대에, 이 지능지수가 과연 과거처럼 그렇게 매력적인 경쟁력이 될 수 있을까요?

　한편, 요즘과 같이 정보가 넘쳐나는 시대에는 정보를 어떻게 이용할 것인가에 대한 '창의적인 접근법'이 매우 중요해졌습니다. 어떤 정보를 알맞게 사용해야 하는지를 넘어, 전혀 다른 분야에도 적용하여 새로운 가치로 바꾼다든지 아니면 서로 다른 정보를 융합하여 제3의 가치로 탄생시키는 사례를 들어본 적이 있을 것입니다. 이것이야말로, 소위 창조경제 시대의 진정 중요한 경쟁력이 아닐까 합니다.

이것은 어떻고, 저것은 어떠하다는 등의 사실fact들을 정보information라 한다면, 그 정보를 얼마만큼 이해하고 해석하고 있는지를 가리켜 우리는 지식knowledge이라고 이야기합니다. 그리고 앞에서 이야기한 것처럼 지식과 정보를 활용하여 제3의 새로운 가치를 만들어낼 수 있는 능력을 우리는 '지혜wisdom'라고 부릅니다.

정리하면, 요즘처럼 창조와 창의성이 강조되는 시대에 필요한 가장 중요한 힘은 바로 지혜입니다.

안타깝게도 이 지혜라는 것은 학교나 책을 통해서는 결코 배울 수 없습니다. 지혜를 습득할 수 있는 유일한 방법이 있다면 그것은 바로 '경험'일 것입니다. 우리는 우리의 지식이 사용되는 현장field에서만 이 지혜를 얻을 수 있습니다. 자신이 알고 있는 정보와 지식이 유일하게 검증받을 수 있는 곳이 현장이며, 새로운 방식으로 응용해봐도 좋겠다는 필요를 느끼는 곳 역시 현장이기 때문입니다. 그래서 지혜를 일컬어 '현장field이 품은 숨은 진주'라고 표현하는 것이겠지요.

그러면 이 숨은 진주를 손에 넣을 수 있는 방법은 무엇일까요? 주저하지 말고 경험할 수 있는 모든 도전의 현장에 뛰어드는 것입니다. 젊은 날에만 주어지는 기회와 가능성을 살려 책상 앞에만 머무르지 말고 체험할 수 있는 모든 현장으로 나가는 것이 유일한 방법입니다.

진주가 저기 깊은 바닷속 조개들이 만드는 보석이라면, 지혜는 삶의 현장 깊숙한 곳에서 사람들과 사건들이 품고 있는 가장 고귀한 정보입니다.

앞서 제가 경험한 사례에서 보았듯, 책과 학교가 저에게 세상을 살아가면서 유용한 정보와 지식을 갖추게 했다면, 그 정보와 지식이 어떻게 사용되고 어떻게 응용될 수 있는지를 알게 된 것은 다분히 제가 한 경험들 덕분이었습니다. 크든 작든, 아니면 소소하든 위대하든 책상을 벗어나 몸과 마음으로 부딪혔던 모든 현장에서의 경험들이 저를 강하게 만든 것입니다. 연애를 책으로 배울 수 없다는 유명한 광고 카피처럼, 지식과 정보가 어떻게 응용되고 사용되는지는 결코 책만으로 배울 수 없습니다.

알고 있는 것들이 현장에서 하나로 이어질 때가 있는데, 우리는 그 순간을 가리켜 깨달음, 또는 지혜라고 이야기합니다. 여기서 중요한 것은, 지혜는 반드시 사람과 문제가 있는 삶의 현장에서만 피어난다는 것이지요. 창조의 시대를 이끌어갈 젊은 영웅들이 현장을 향해 늘 용기 있는 선택을 멈추지 않아야 할 이유도 이 때문입니다.

한때 지능지수intelligence quotient가 한 사람의 능력을 평가하는 주요한 척도가 되었다면, 이제 젊은이들에게 중요한 새로운 척도는 '행동지수action quotient'입니다. 여러분은 현장을 향해 용기 있게 뛰어들고 자신이 알고 있는 것을 검증하기를 주저하지 않는 행동력이 그 무엇보다 필요한 시대를 살고 있다는 점, 부디 잊지 마십시오.

여기서 작은 팁 하나. 행동지수를 높이는 가장 손쉬운 방법이 있다면, 익숙하지 않은 곳으로 여행을 떠나는 것입니다. 스스로 문제를 자각하기 시작할 때, 그 해결의 첫걸음은 그 수준을 탈피하는 것입니다. 아인슈타인이 말했던가요. "우리가 직면한 많은 문제들은 그것이 발생한 당시의 사고수준을 가지고는 해결할 수 없다"고 합니다.

그런 의미에서 일상을 벗어나 여행의 길에 올라서는 것만큼

지혜는 반드시 사람과 문제가 있는
삶의 현장에서만 피어납니다.
창조의 시대를 이끌어갈 젊은 영웅들이
현장을 향해 늘 용기 있는 선택을
멈추지 않아야 할 이유도 이 때문입니다.

단기간에 새로운 사고를 습득할 수 있는 최고의 방법이 또 있을까요? 인도의 철학자 요가난다가 이런 말을 했습니다.

"오직 우리답지 않은 것만이 우리를 우리답게 만든다."

여행을 통한 새로운 경험은 자신의 굳어져 있는 사고와 생각의 틀을 과감히 깨어버리는 좋은 계기가 될 것입니다. 주저하지 말고 지금이라도 미지의 세계를 향해 여행을 떠나보십시오. 나답지 않은 낯선 장소에서 우리는 나를 가장 나답게 만드는 지혜, 그리고 지금의 당면한 문제를 획기적으로 해결할 만한 참된 지식을 얻게 될지 모릅니다.

●

저는 요즘, 아는 것은 많으나 행동하지 않는 청춘들을 수없이 보았습니다. 많은 이들이 청춘의 특성을 말할 때 그들이 가지는 용기와 행동을 먼저 손에 꼽는데, 우습게도 오늘날의 청춘들에게는 가장 부족한 부분이 된 것이지요.

어쩌면 너무 많이 아는 것이 오히려 독이 된 것 같습니다. 혹, 지금의 나의 선택이 내 인생의 속도를 늦추지는 않을까 고민하면서 이리 재고 저리 재며 소중한 젊음의 시간을 낭비한다는 것은 너무나도 슬픈 일입니다. 한 사람이 갖추고 있는 전인격을 외형적 신체와 같은 그림으로 표현한다면, 요즘의 젊은이들은 머리는 크지만 손과 발은 매우 왜소한 외계인과 같은 모습이지 않을까 염려됩니다.

미래의 영웅이 될 청춘 여러분에게 이야기하고 싶습니다. 인생의 고비마다 그 어려움을 극복하는 창조적 생각은 책상과 컴퓨터에서만 배운 정보로는 한계가 있습니다.

늘 새로운 경험을 사랑합시다. 삶의 현장 구석구석에서 배운 검증된 지식과 지혜가 여러분에게 가장 강력한 힘이 되어줄 것입니다.

대학 시절, 여름방학이 끝나고 새 학기가 시작되면 학교는 생동감으로 들썩이곤 했습니다.

오랜만에 만난 친구들과 즐겁게 안부를 나누던 중 방학 동안 농촌 봉사활동을 다녀온 친구가 제게 이런 이야기를 했습니다.

"준희야, '두둑'과 '이랑'이라고 들어봤니?"

"아니, 처음 들어보는데?"

생소해하는 저의 표정을 보고 친구가 자세히 설명해주었습니다.

"밭의 두둑은 봉우리처럼 올라온 부분인데, 보통 이곳에 채소를 심는 거야. 그리고 이랑은 반대로 움푹 들어간 곳인데, 사람이 다니거나 물을 대는 곳이지."

"아 그렇구나. 나도 본 적은 있는데 그것을 두둑과 이랑이라 부르는지는 지금껏 몰랐어. 그런데 왜 갑자기 두둑과 이랑에 대해 말하는 거야?"

"내가 지난여름 농촌에서 하루 종일 한 일이 바로 두둑이 아닌 이랑에 난 채소들을 뽑는 거였어."

"이랑? 근데 이랑에 자라는 채소를 굳이 뽑을 필요가 있어? 어차피 잡초가 아니라 같은 채소라면 키워도 되는 거잖아!"

궁금해하는 저의 질문에 친구가 다시 대답했습니다.

"그렇지. 나도 처음에는 그렇게 생각했는데, 어른들 말씀이 움푹 들어간 곳에 심은 채소는 통풍도 잘 안 되고 거름도 부족해서 결국 좋은 채소로 자라지 못한대. 더욱이 두둑에 심은 채소의 영양소마저 뺏을 수 있어 꼭 이 채소들을 미리 없애야 한다더라고."

"아하, 그렇구나. 고생했겠다."

"그런데 준희야. 나는 하루 종일 이 이랑에 심은 채소들을 뽑으면서 문득 이런 생각을 했어."

"뭔데?"

"어쩌면 우리가 '어떤 사람이 될 수 있는가'는 지금 우리가 '어디에 심겨져 있는가'에서부터 결정되는 것은 아닐까 하고 말이야. 같은 채소라도 이랑에 심겨진 채소들은 자라기도 전에 미리 뽑히듯이 혹시 우리도 두둑이 아니라 이랑에 심겨져 있지는 않은가를 한번 생각해봐야 하지 않을까 싶더라고. 준희 너도 그렇고 나도 세상을 바꾸는 사람이 되고 싶다는 꿈을 가지고 있잖아. 지금 우리가 있는 곳은 우리 꿈에는 두둑일까, 아니면 이랑일까?"

저는 친구의 말을 들으면서 마른침을 꿀꺽 삼켰습니다. 친구의 말이 '옳다'고 생각했기 때문이고, 최상품의 채소는 최고의 토양에서 자란다는 당연한 이치가 저의 삶에 교훈으로 다가왔기 때문입니다.

친구는 마지막으로 말했습니다.

"그런데 참 다행이야. 채소는 어디에 심겨질지 스스로 결정할 수 없지만, 우리는 할 수 있잖아. 그 결정 말이야."

친구와 그 대화를 나누고 꽤 오랜 시간이 흘렀지만 저는 아직도 친구가 전해준 그 대화를 잊지 못하고 있습니다. 지금도 제 가슴에 여전히 남아 제 삶의 큰 등불이 되고 있는 것이죠. 어쩌면 핸드스튜디오라는 기업을 만들고자 노력하는 것도, 그 누군가가 아닌 바로 제가 살아갈 토양을 직접 만들고 싶었기 때문인지도 모릅니다.

"지금 우리가 있는 곳은
우리 꿈에 두둑일까, 아니면 이랑일까?

그런데 참 다행이야.
채소는 어디에 심겨질지
스스로 결정할 수 없지만,
우리는 할 수 있잖아. 그 결정 말이야."

돌아보면 저의 이십대에는 꿈과 능력을 키워준 아주 훌륭한 토양이 있었습니다. 저는 살아갈 토양의 소중함을 이야기하면서 제 모교를 이야기하지 않을 수 없습니다.

제가 나온 대학교는 소위 명문대가 아닌 지방의 가난한 사립 대학교였습니다. 지금은 전보다 유명한 학교가 되었지만, 제가 진학할 때만 하더라도 지나가는 사람 열에 아홉은 '처음 들어보았다'고 할 만큼 아주 작은 신생 대학교였지요. 이 학교를 선택하게 된 이유를 설명하려면 고등학교 3학년 시절이었던 1999년의 어느 여름날로 거슬러 올라가야 합니다.

아주 무더웠던 여름이었습니다. 그날은 제 인생에서 처음으로 스스로 무언가를 결정한 날이었지요. 아니, 돌이켜 생각해보면 가장 훌륭한 결정을 한 날이라고도 할 수 있습니다.

수능시험이 다가오던 어느 날 저는 교실 바닥에 굴러다니던 한 대학교의 학생신문 한 부를 집어 들었습니다. 원래 고3 교실에는 여러 대학교의 홍보자료들이 심심찮게 돌아다니고 있었기에 저는 큰 기대 없이 머리나 식힐 겸 신문을 읽으려고 한 것이지요. 하지만 그 신문 첫 페이지에 적혀 있던 짧고 간결한 첫 문장이 무방비 상태였던 저의 가슴을 무작정 뛰게 만들었습니다.

WHY NOT CHANGE THE WORLD!

함께 세상을 바꾸어갑시다.

이 문구를 보자마자 저도 모르게 감탄이 터져 나왔습니다.

"아, 멋지다!"

세상을 바꿔가자니…… 그동안 수많은 대학교의 슬로건이나 홍보문구를 보았지만 이처럼 크고 원대한 의미를 담은 문구는 그때 처음 보았습니다.

어쩌면 이 문구가 크게 다가왔던 것은 다름 아닌 제가 고등학생이었기 때문인지도 모르겠습니다. 무슨 말이냐고요? 대한민국의 학생들에게는 자신이 살아가는 환경과 프레임frame을 스스로 바꾸거나 벗어날 수 있다는 생각의 기회조차 주어지지 않습니다. 교육시스템이라는 제도권에서는 이 제도에 얼마나 잘 적응하고 순응하느냐가 오로지 학생들에게 주어지는 유일한 미덕이자 인생의 목표이지요.

저 또한 그랬습니다. 매일매일의 학창 시절이 힘들고 어렵다는 생각은 해보았지만 내가 살아가는 이 프레임을 벗어날 수 있다는 생각은 단 한 번도 하지 못했었지요. 그런데 갑자기 눈앞에 나타난 이름 모를 학교가 제게 처음으로 '세상(프레임)을 바꾸자'고 말하고 있는 것입니다. 대한민국에서 자라고 배운 고등학교 3학년 학생에게 이 표현은 너무나도 충격적이며 놀라운 개념이었던 것이지요.

저는 그 인쇄물을 계속 읽어나갔습니다. 학교는 훌륭한 인재를 양성하는 것보다 정직한 사람을 만드는 것에 더 초점을 맞춘다고 적혀 있었습니다. '정직이 세상을 바꾸고, 성실이 세상을 움직인다'라고 단호하게 말하고 있더군요. 그동안 제가 만난 어른들은 1등이, 혹은 성공한 사람이 세상의 주인이고 그들이 세상을 움직인다고 가르쳐주었는데, 재미있게도 이 학교는 '정직한 자'가, '성실한 자'가 세상을 바꿀 수 있다고 말하고 있었습니다.

이러한 주장을 뒷받침이라도 하듯 여러 재학생들의 이야기도 실려 있었습니다. 지금의 학교생활로 인해 자신들이 얼마나 원대한 꿈과 희망을 갖게 되었는지를 말하고 있었습니다. 아울러 학교에서 배운 정직과 열정으로 '나는 세상을 바꾸는 사람이 될 것입니다' '나로 인해 세상은 바뀌게 될 겁니다'라고 제

지겹지 않니, 청춘노릇

각기 외치고 있었습니다. 그들의 표현방식은 저마다 조금씩 달랐지만, 세상을 바꿀 수 있다는 확고한 믿음과 원대한 꿈만큼은 동일한 것이었습니다.

세상을 바꾸겠다는 어이없는 학교의 비전은 그렇다 치더라도 어떻게 일개 개인이 '세상을 바꿀 수 있다'고 저리도 당당하게 외칠 수 있는 것일까요? 그들의 이야기는 경상북도 포항이라는 작은 도시에서 태어나 초등학교, 중학교, 고등학교를 나온 저로서는 도대체 납득이 되지 않을 정도의 스펙터클한 고백이었지요.

'지금보다 더 넓은 곳으로 가야 한다'는 바람은 20년 가까이 촌놈으로 살아온 저에게는 일종의 본능적인 목표와 같은 것이었습니다. 마침 서울의 유수 대학에 갈 만큼 모범생이었던 저에게 '명문학교 진학'은 단 한 번도 의심하지 않았던 저의 미래였지요. 그런데 이름 없는 한 학교의 놀라운 초청이 제 인생에 다른 시나리오를 보여주고 있었습니다.

사실 두근거렸습니다. 어쩌면 나도 그들처럼 '세상을 바꾸는 사람'이 될 수 있을지 모른다는 생각이 들기 시작했습니다. 촌놈으로 태어나 입신양명하는 것도, 서울에 있는 명문대에 진학해 남들이 부러워할 만한 좋은 인생을 사는 것도 좋지만 '세상을 바꾸는 사람이 된다'는 말은 저에게 어떤 상상보다도 큰 매력으로 다가왔습니다. 한번 바이러스에 감염된 컴퓨터가 잘 고쳐지지 않는 것처럼 그때부터 제 머릿속은 이 지방의 한 사립대로 가득 채워지기 시작했습니다.

그러나 제 결심과 변화를 알게 된 주위 어른들은 반대하기 시작했습니다. 담임선생님께 이 학교를 가고 싶다고 말씀드렸더니 선생님은 강력히 만류하며 꼭 서울로 진학해야 한다고 충고했습니다. 한번은 제 고집을 꺾으려고 이유 없이 며칠간 진학상담실 앞에 벌을 세워두기도 했습니다. 제 아버지 역시 직접적으로 안 된다고는 하지 않았지만, 전보다 약주를 자주 드시고 속상해하며 아들의 선택이 바뀌기를 바라셨습니다.

하지만 저는 이 두근거림을 포기하고 싶지 않았습니다. 미래에 대한 확신도, 자세한 이유도 몰랐습니다. 단지 당시 내게 찾아온 두근거림을 그냥 지나치기가 싫었던 것 같습니다. 고3이 될 때까지 스스로 '바르다'라고 배워왔던 모든 도덕적 가치를 동원하여 다시 생각해보아도 이 학교의 꿈은 물론 특별하지만 결코 틀리지 않는 것이었습니다. 그러면 제 선택 역시 특별할 수는 있겠지만, 틀리지는 않았다고 믿었습니다. 그리고 마침내 저는 19세의 나이에 제 인생에 있어 처음이자 가장 도전적인 결정을 했습니다.

'Why not change the world.' 세상을 바꾸겠다는 막연한 꿈 하나로 시작한 대학 생활은 모든 것이 낯설었습니다. 이 학교가 가르치는 가치와 재학생들의 생활, 그 어느 하나 제가 20년간 배우고 들어왔던 가치와 맞아떨어지는 것이 없었기 때문입니다.

태생적으로 가난한 시골 학교였지만 아무도 그 가난함에 불평하거나 변명하지 않았습니다. 오히려 선배들은 입버릇처럼 이야기했습니다.

"기적은 결핍된 환경에서만 피어나는 열정의 산물이다. 어쩌면 우리는 기적이 일어날 만한 최적의 환경에서 공부하고 있는 것이다."

교수님들은 자신의 수업을 듣는 학생 한 명 한 명의 이름을 다 알았고, 늘 이름을 불러주었습니다. 그들은 연구시간을 쪼개어 학생들의 안부를 물었고, 늘 학생들과 함께 생활하기 위해 노력했습니다. 방학이 되면 몇몇 교수님들은 자신의 사비까지 털어 학생들을 데리고 국내외 각지로 여행을 다녔습니다. 자신의 제자들이 지방대학교라는 지리적 한계로 인해 혹시 세상을 보는 시야가 좁아질까 염려하는 마음에서였습니다.

학교의 모든 시험은 무감독으로 치러졌습니다. 더욱 신기한 것은 실제로 시험 감독자가 없는데도 대다수 학생들이 아무런 부정행위 없이 시험을 치른다는 사실이었습니다. 10년이 다 되어가는 학교 책상과 벽면에 아무런 낙서가 없다는 것은 재학생 모두의 특별한 자랑이었습니다. 언젠가 저와 함께 시험을 치르던 한 학생이 부정행위를 한 적이 있었는데, 주변에 있던 선배가 일어나서는 그 친구에게 이야기했습니다.

"너의 부정행위는 너 하나가 아니라 우리 모두의 정직성을 망치고 있어. 제발 멈춰줘."

이 학교가 가진 특징 중에서도 가장 놀라운 점이 있다면 다름 아닌 학생들의 문화였습니다. 그중 제가 '꿈의 대화'라고 부르는 문화는 저에게 많은 것을 안겨준 큰 선물이었습니다. 전원 기숙사 생활을 원칙으로 하고 있는 이곳에서는 점호시간만 되면 학생들이 삼삼오오 모여 자신이 오늘 깨달은 것이 무엇인지, 느낀 것이 무언지를 동료들과 매일 나누는 시간을 가졌습니다. 누가 시킨 것도 아니었는데 많은 수의 학생들이 밤마다 모여 배운 지식들을 바탕으로 미래에 대해 토론하는 것이었지요. 모인 이들은 듣는 수업도 전공도 달랐지만 함께 세상을 바꾸는 동료라는 공통점 하나로 서로의 꿈에 귀를 기울였고, 동료가 깨달은 지혜에 함께 감탄했습니다.

독특한 문화가 어떻게 이 작고 가난한 시골 대학교에 자리 잡게 되었는지는 저도 정확히 알지 못합니다. 중요한 것은 제가 입학하기 전부터 이어져오던 이런 '꿈의 대화'야말로 구성원 모두를 꿈을 현실로 만드는 영웅으로 이끄는 최적의 환경이었다는 사실이지요. 저 또한 꿈꾸는 친구들과 함께 보낸 4년의 시간으로 인해 저의 감정이나 환경적 변화에 영향받지 않으며 이상과 신념을 지킬 수 있는 능력을 배운 것 같습니다. 아울러 꿈이 꿈으로 끝나는 것이 아니라 어떻게 하면 현실reality이 될 수 있는지를 어렴풋이 배우게 된 것 같습니다.

고3 시절 제가 살아가던 프레임 안에서의 최고 성공은 명문 대학교로 진학하는 것이었습니다. 하지만 저는 그 프레임을 벗어나 두렵지만 용기 있는 결정을 하게 되었습니다. 그리고 그 결정을 통해 시골뜨기 한 젊은이가 보통의 사회에서는 배울 수 없는 수많은 청춘다움의 가치들을 배울 수 있게 된 것이지요.

각종 언론 인터뷰에서 또는 청춘 후배들이 찾아와 저의 생각의 기원을 물을 때면 저는 단연 저의 토양, 제가 배운 학교 생활을 이야기하곤 합니다. '최상의 채소는 반드시 최고의 토양에서만 나온다'는 친구의 깨달음처럼 제가 세상을 바꾸어가는

‘요즘은 통 괜찮은 인재가 없다’는
주위 사장님들의 푸념을 들을 때마다
저는 강하게 권면하고 있습니다.

“좋은 채소(인재)만 찾지 말고
 사장님이 먼저 좋은 토양(기업)을
 만들어 보시는 것은 어떨까요.”

사람이 될 수 있었던 것은 단연 저를 키워주었던 꿈의 토양, 제 모교 덕분입니다.

핸드스튜디오라는 독특한, 세상에 없는 아름다운 회사를 만들어야겠다는 생각 역시 친구가 전해준 삶의 가치 때문이었습니다. 훌륭한 인재를 키우기 위해서는 훌륭하고 창의적인 인재가 나올 만한 토양을 먼저 갖추어야 한다는 생각이 경영인으로서의 제게 매우 중요한 가치가 된 것입니다. 저는 '요즘은 통 괜찮은 인재가 없다'는 주위 사장님들의 푸념을 들을 때마다 강하게 권면하고 있습니다.

"좋은 채소(인재)만 찾지 말고 사장님이 먼저 좋은 토양(기업)을 만들어보시는 것은 어떨까요?"

자신이 어떠한 사람이 되고, 어떠한 능력을 갖추게 될지는 아무도 모르는 일입니다. 살다보면 인생이란 게 자신의 뜻대로만 되진 않는다는 것을 깨닫게 되지요. 그럼에도 불구하고 인생의 목표에 근접할 수 있는 가장 효율적이고 효과적인 방법이 한 가지 있습니다. 그것은 바로, 자신의 가치와 이상에 맞는 토양을 선택하는 것입니다.

세상을 바꾸고자 하는 이에게 세상의 논리와 가치는 좋은 영양소가 되지 않습니다. 세상을 바꾸고자 하는 이에게는 세상이 이야기하지 않는 다른 가치, 어쩌면 생소한 가치가 있는 곳이 좋은 토양일지 모릅니다.

오늘날의 청춘들이 경제적 논리로 자신이 살아갈 곳을 정하지 않기를 바랍니다. 사회적 성공을 위해서는 명문 대학교와 명문 기업, 명문 친구가 필요할지도 모릅니다. 하지만 여러분이 살아가는 인생의 목표와 꿈이 성공을 넘어 그 이상을 바라보고 있다면 여러분이 부러워하고 뿌리내리고 싶은 환경(토양) 역시 그 이상이 되어야 합니다.

사실 사회에서 이야기하는 출신과 배경은 이제는 그렇게 중요하지 않습니다. 앞으로의 시대는 더 이상 인맥도 학력도 아닌, 오로지 여러분 '자신'이라는 본질에 관심을 가지게 될 것입니다. 아울러 우리에게 영감을 주는 여러 영웅들 역시 오로지 '나'라는 실체에 초점을 맞추어 힘을 쏟아온 존재입니다.

그곳이 바로 우리가 선택해야 하는 땅입니다. 세상을 바꿔나갈 당신, 지금 당신이 서 있는 곳은 어디입니까? 그리고 어떤 곳으로 가기 위해 지금 노력하고 있습니까? 막연히 사회가 좋은 토양이라고 이야기하는 쪽을 향하고 있지는 않습니까?

그렇다면 다시 한 번 생각해보시기 바랍니다. 단지 '돈을 많이 버는 것이 인생의 목표'인 이에게는 대기업에 가는 것이 좋은 토양일 수 있겠지요. 하지만 세상을 바꾸고자 하는 이들에게 이 시대가 제시하는 '좋은 곳'은 더 이상 좋은 곳이 아닐 수 있습니다.

기억해야 합니다. 미래의 젊은 영웅이 되어 세상을 바꾸겠다는 위대한 이상과 신념을 품었다면, 지금 당신이 가야 할 곳은 그 이상과 신념이 위대하게 자랄 수 있는 곳이어야 합니다.

채소는 그 스스로가 어디에 심겨질지 결정할 수 없습니다. 하지만 우리는 할 수 있습니다. 그러니 용기를 냅시다.

당신은 지금
어디에
서 있나요

요즘은 푸른 꿈과 굳은 신념을 가진 청춘들을 만나기가 쉽지 않습니다. 도대체 왜 이렇게 된 것일까요?

어떤 이가 말하기를 어려워진 경제 환경와 취업난 때문이라고 하던데, 사실 저는 그 의견에 전적으로 동의하지는 않습니다. 역사에는 우리보다 더 어렵고 힘든 시절을 보냈음에도 늘 가슴 뛰는 푸른 이상과 희망을 가지고 살아갔던 청춘들이 있었습니다.

그럼 정말 왜 이렇게 된 것일까요?

저는 그 이유를 이렇게 생각하고 있습니다. 다름이 아니라 지금의 학교나 사회 혹은 문화와 같이 청춘들이 자라는 모든 환경, 즉 그들의 토양이 이미 자본주의와 성공제일주의에 오염

되었기 때문이라고 말이지요.

우리의 기성세대들은 매우 급격한 도시화와 민주화를 경험한 세대입니다. 폭풍같이 이루어진 경제발전의 역사는 기성세대로 하여금 참된 행복과 올바른 사회적 가치에 대해 충분히 고민할 수 있는 시간을 주지 않았습니다. 신념을 지키고 살았던 그들에게 새로운 세상은 너무 갑작스럽게 다가왔고, 의식의 무방비 속에서 그들이 지켜왔던 시대정신과 행복 그리고 정의에의 갈망은 점점 잊혀진 것입니다. 하루에도 몇 명씩 갑자기 벼락부자가 되어 으스대는 친구들을 보면서, 반대로 돈이 없어 서러움에 몸서리치는 친구들을 보면서, 우리의 아버지와 어머니들은 온몸으로 깨달았습니다.

'아, 성공이 제일이구나!'

한 시대의 리더들이었던 기성세대의 그런 깨달음은 자연스레 이 사회의 가치가 되었고, 최고의 덕목이 되었습니다. 그리고 그런 사회를 토양 삼아 우리가 살아가게 된 것입니다.

어린 초등학생 때나, 사춘기를 보내는 중학생 시절은 물론이고, 세상을 깨닫기 시작하는 고교 시절에도 우리는 왜 살아야 하며, 무엇을 위해 살 것인가를 한 번도 고민하거나 배우지 못했습니다. 어른들은 말하기를 '그런 생각들은 나중에 해도 되

며 중요한 것은 우선 이 프레임 안에서 1등을 해야 한다'는 것
이었습니다.

어떤 이가 말하기를 청춘이 아름다운 것은, 금의 가치가 아
니라 별의 가치를 소중히 여기기 때문이라고 했습니다. 하지만
오늘의 사회에서 자란 청춘들은 어린 시절부터 금의 가치를 강
요받으며 자라왔습니다. 20년 가까이 그렇게 학습되어온 이들
이 갑자기 청춘이 되었으니 그 세계관도 청춘답게 바뀌기를 바
라는 것은 너무나도 가혹한 요구입니다.

우리는 조금 더 간절하고 신중하게 오늘날의 시대정신을 고
민해야 할 필요가 있습니다. 이미 여러분은 원했든 원하지 않
았든 자본주의와 성공제일주의에 상당히 물들어 있습니다. 그
리고 슬프게도 한번 세뇌당한 생각이 자유를 얻기까지는 상당
한 노력이 필요합니다. 혹, 시대의 패러다임을 거스르며 새로
운 세상을 꿈꾸고 푸른 청춘의 희망을 이루고자 하신다면, 지
금 여러분은 여러분 인생에 스며든 시대정신을 다시 한 번 되
짚어봐야 합니다.

세계관이란 한 사람이 자신을 포함하여 자신을 둘러싼 모든
것을 바라보는 생각의 방향입니다. 한 사람의 세계관을 수정하
기는 꽤나 어렵지만, 그나마 수정과 변형이 가장 쉬운 시기가

청춘 시절입니다. 아무쪼록 이 젊음의 시절에 그동안 스스로의 검증을 거치지 않은 모든 세계관에 회의를 던지고 올바르다고 여겨지는 가치로 채워갔으면 합니다.

그리고 어떠한 이데올로기에도 오염되지 않은 깨끗한 친구들과 스승들을 사귀어 그들과 함께 성장하기를 바랍니다.

훌륭한 농부는 찬바람이 부는 겨울부터 양질의 거름과 최적의 토양으로 수확의 때를 준비합니다. 언젠가 여러분도 인생에서 풍성한 수확을 거둘 수 있도록, 지금부터 훌륭한 토양을 찾고 선택하는 데 온힘을 다하기를 바랍니다.

추운 세상에 봄을 알리는 당신, 청춘입니다

저는 많은 사람들이 목표로 하는 대기업을 스스로 그만뒀습니다. 그리고 잠시 고향인 포항으로 내려갔지요. '내가 정말 좋아하는 것이 무엇인지' '나는 무엇을 위해 살 것인지'를 다시 고민하기 위해서였죠. 처음 한 달은 제 인생에 매우 유의미한 시간이었습니다. 젊음이 끝나기 전 자신의 인생에 대해 진지하게 생각해보는 시간을 가진다는 것은 스스로에게도 참 대견한 결정이었으니까요.

하지만 두 달이 지나자 제 내면에는 알 수 없는 무기력과 두려움이 자리 잡기 시작했습니다. 저와 상관없이 세상은 너무 빨리 돌아가는 것 같았고, 제 친구들은 그 빠른 세상에서 저를 앞서가고 있다는 생각이 들었지요. '시간은 나를 기다려주지 않을 거야' 하는 걱정이 들기 시작하자 두려움은 걷잡을 수 없이 커져갔습니다. '과연 이 고민이 끝난 후 나는 다시금 세상으로 나갈 수 있을까?' '나를 받아주는 곳이 있기나 할까' 하는 불안이 마음을 잠식하기 시작했습니다. 그렇게 석 달이 지나자, 저는 심지어 죽음까지 생각하는 너무나도 나약한 청춘이 되어 있었습니다.

낮과 밤이 바뀌고 무기력한 생활이 반복되던 어느 날, 저는 텔레비전으로 한 다큐멘터리를 우연히 보게 되었습니다. 이 다큐멘터리는 비록 사회적으로 성공한 위치는 아니지만 자신의 일에 의미와 소명을 가지고 열심히 살아가는 사람들의 이야기를 담고 있었습니다. 마침 제가 텔레비전을 틀었을 때는 재래시장에서 얼음을 나르며 열심히 살아가는 어느 오십대 아저씨의 이야기가 나오고 있었습니다. 프로그램 프로듀서가 아저씨에게 물었습니다.

"아저씨, 지금 하시는 일 재미있으세요?"

뜬금없는 질문에 아저씨는 끌던 수레를 잠시 세우시더니 힘찬 목소리로 대답하였습니다.

"그럼! 내가 가장 잘할 수 있는 일인데 어떻게 재미없을 수가 있나, 여기 이 시장에서 내 얼음 없으면 장사 못 하는 사람 참 많아!"

얼굴은 까맣게 그을리고 남루한 차림이었지만 퍼디의 질문에 답하는 아저씨의 표정은 제가 이제껏 보지 못한, 세상 가장 행복한 웃음을 머금고 있었습니다.

아저씨의 표정을 보자, 저도 모르게 왈칵 눈물이 쏟아졌습니다. '저렇게 고된 일을 하는 아저씨도 오늘 하루를 힘차게 살아가시는데, 나는 지금 무엇을 하고 있을까' 하는 반성의 눈물이었습니다.

비록 남들보다 많이 배우지 못했고 많이 가지지도 못했지만 아저씨는 제가 그토록 원하던 인생의 행복을 가졌기에, 모든 것을 손에 들고서도 좌절감에 시달렸던 제 자신이 한없이 부끄러워졌습니다.

그날 밤 저는 이런 생각을 해보았습니다. '주체적인 행복과 가치 있는 일을 찾고 싶다'는 생각은 의미 있는 것이지만, 혹시 그 생각의 끝에 '그럼에도 이 정도 직업은 되어야 한다'는 일종의 선입관이 나에게도 있는 것은 아닐까 하고요. '어떤 일을 하든 세상을 바꾸는 영향력 있는 삶을 살겠다'는 젊은이의 자신감 역시 중요하지만, 그 세상을 바꾸는 일을 꼽을 때 '시장에서 일하는 아저씨의 얼음 나르기'는 포함되지 않았던 것은 아니었을까요.

그렇게 생각하자 제 내면에도 이미 검증되지 않은 성공의 기준들이 꽤 많이 자리 잡고 있었다는 것을 알게 되었습니다. 그리고 그러한 사고들이 바로 저의 젊은 날에 알 수 없는 무기력과 패배감을 안겨준 범인이었다는 것도 알게 되었지요.

그날 밤 저는 반성으로 꼬박 밤을 지새웠습니다. 정말 제가 고민하는 것이 '무엇을 하고 살 것인지'가 아니라 '어떻게 살아갈 것인지'에 대한 고뇌라면, 무슨 직업이든 상관없다는 생각이 들었습니다.

'어떤 일이든 할 수 있다. 중요한 것은 어떻게 하느냐다. 주체적인 가치와 행복은 일이 아닌 인생의 태도에 있다.' 이런 생각이 들자 저를 괴롭히던 모든 사회적 압박과 열등감이 사라졌습니다.

눈물과 고민으로 밤을 지새운 이튿날 아침, 저는 공장을 운영하시는 친구의 아버지에게 전화를 걸어 혹시 그곳에서 일을 할 수 있을지 여쭤보았습니다. 그리고 바로 그 다음 날부터 저는 생산 현장으로 정식출근을 했습니다. 매일 아침 작업복으로 옷을 갈아입고 바퀴가 30개나 되는 특수 화물차를 운전하는 멋진 일꾼이 된 것이지요.

남들은 잘나가는 직장 대신 뜬금없이 파란색 작업복을 입고 출근하는 저의 모습에 참 많은 이야기를 했을 것입니다. 저의 부모님 역시 적지 않게 당황하셨을 것입니다. 어쩌면 남몰래 눈물도 많이 흘리셨을지 모르겠습니다. 하지만 저에게는 이제 사회적 시선과 평가가 그렇게 중요하지 않아졌습니다. 무엇을 하느냐가 아니라 어떻게 왜 하느냐가 '훌륭한 인생'의 기준이라는 것을 알게 되었으니까요.

그리고 이러한 생각으로 살아가는 것이야말로 제가 꿈꾸는 가치 있고 영향력 있는 인생의 이야기를 써내려가는 시작이 될 것이라 믿었기 때문입니다.

저는 그때의 생각과 결정을 지금도 증명하며 살아가고 있습니다. 언론에 회자되는 여러 명강사들과 달리, 저는 성공하는 방법이나 수단을 가지고 있지는 않습니다. 하지만 청춘이라는 이유와 삶의 태도만으로 지금 세상을 바꿔가고 있습니다.

직업과 사회적 위치position로 자신의 미래를 설계하지 마십시오. 그렇게 되면 여러분은 그 직업과 그 위치에 도달했느냐로 평생 평가받게 됩니다. 하지만 자신의 인생에 대해 분명한 목적과 태도를 갖고 꿈꾸고 그린다면, 여러분은 그 누구에게도 뺏기지 않을 행복과 자신만의 이야기를 갖게 될 것입니다.

아직도 저를 찾아오는 많은 후배들이 제게 묻습니다.

"저는 무엇을 하며 살아야 할까요?"

그러면 저는 대답 대신 항상 다른 질문을 던집니다.

"무엇을 하고 살 것인가를 고민하기 전에 '왜, 그리고 어떻게 살 것인지'에 대해서는 생각해본 적이 있니?"

청춘다운 삶을 살겠다는 젊은이들에게는, 반드시 그 어떤 사회적 기준에도 물들지 않은 자신만의 삶의 목적과 기준이 있어야 합니다. 이를 위해 비록 여러분이 한때 저와 같이 생산 현장, 아니면 그보다도 더 열악한 환경에서 살게 되더라도 그것에 크게 개의치 마십시오. 혹 아무런 일이 없는 시간이 인생에 얼마 동안 주어지더라도 자신의 신념과 가치를 포기하지 마십시오. 자신의 인생이 '아무도 대신 죽어주지 않는 온전한 자신만의 삶'이라면, 우리는 조금 더 과감히 그리고 조금 더 용기 있게 젊음을 보낼 필요가 있습니다. 이 사회가 정한 우위와 열등의 기준 같은 환경적 조건은 애당초 청춘에게는 의미 없는 것이지요.

멜 깁슨Mel Gibson이 주연하였던 〈브레이브 하트〉라는 영화를 보셨나요? 그 영화에는 이런 장면이 나오죠. 영화에서 서민들의 영웅이 되어가는 멜 깁슨에게 한 겁쟁이 귀족이 찾아와 진지하게 묻습니다.

"당신은 죽는 것이 두렵지도 않소?"

멜 깁슨이 단호하게 대답하지요

"모든 사람은 죽소. 어떻게 왜 죽느냐가 중요하지!"

친하게 지내던 한 후배가 제게 이런 질문을 던진 적이 있습니다.

"형은 인생을 마치 무사武士처럼 사는 것 같아요. 늘 진검을 들고 대결을 펼치는 느낌이랄까? 형처럼 그렇게 젊은 날을 보내면 무슨 보상이 있을까요?"

그러고 보면 저 또한 이 질문에 늘 괴로워했었던 것 같습니다. 과연 무슨 보상이 있다고 이렇게 남들보다 더 많이 고뇌하고 어려운 길을 선택하는 것일까 저 또한 고민했습니다.

얼마 전, 저는 SNS에 돌아다니던 한 영상을 통해 이 질문에 대한 답을 어렴풋이 찾게 되었습니다. 다음은 영상에서 보았던 한 사람의 이야기를 통해 얻게 된, 제 고민에 대한 답입니다.

"아니요, 아무런 보상이 없습니다. 그 어떤 곳에도요. 유일한 보상이란 '자신'입니다. 비록 내가 살아가면서 겪을 수 있는 날들이 빈곤할 수도 풍요로울 수도 있겠지만, 목적 없이 살아가지는 않을 겁니다. 적어도 '자신이 지금 무엇을 위해 살아가고 있는지, 어떠한 인생을 살고 있는지'에 대한 답이 없는 그런 젊은이는 되지 않을 것입니다. 돈을 벌고, 사회적인 성공을 하겠다는 것만으로는 충분하지 않습니다. 그것은 단지 욕망에 불과합니다. 자신이 원하는 것이 무엇인지, 왜 그 일을 하는지를 이해하며, 자신 안에 존재하는 모든 생명력을 바칠 수 있어야 합니다. 여러분의 존재 목적 달성을 위해서요. 당신이 기여할 수 있는 무엇인가가 있다면, 당신이 가진 특정한 재주가 만들어낼 새로운 가치 있다고 생각한다면, 또한 소중히 여길 만큼 가치가 있는 당신만의 무언가가 있으시다면 청춘에게 이룰 수 없는 꿈은 결코 존재하지 않습니다."

중국에는 春춘이라는 이름을 가진 사람이 750만이나 된다고 합니다. 재미있는 것은 이 750만의 대부분이 흑룡강성이나 길림성 같은 추운 지역에 살고 있다는 것이지요. 아마 그들에게 '봄'이라는 이름은 지금의 추운 하늘을 견뎌낼 유일한 희망이자 기다림을 담은 즐거운 행복일 것이라는 생각을 해보았습니다.

사회가 점점 시리고 절망적인 모습으로 변해가면서, 사람들은 청춘靑春이라는 이름을 더욱 그리워하게 되었습니다. 추운 겨울 속에서 봄을 더 애타게 찾는 중국인들처럼, 오늘날 사람들은 꿈과 이상, 열정과 신념으로 무장한 진짜 청춘들의 탄생을 더욱 기다리게 된 것이지요.

자 여러분, 부디 지금부터라도 저와 함께 청춘이라는 이름 앞에 부끄럽지 않도록 한번 도전해보면 어떨까요?

잊지 마십시오. 청춘은 눈물이 있어 아름답고 꿈이 있어 아름답습니다. 우리는 자신의 잘못을 인정하며 날마다 성장하기에 누구도 우리를 이길 수 없습니다.

청춘, 그렇게 오늘도 파이팅입니다.

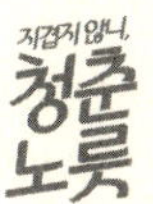
지겹지 않니,
청춘
노릇

지겹지 않니, 청춘 노릇

초판 1쇄 2013년 9월 5일
　　3쇄 2013년 9월 30일

지은이　 ｜ 안준희

발행인　 ｜ 김우석
제작총괄 ｜ 손장환
편집장　 ｜ 이수은
책임편집 ｜ 변혜진
디자인　 ｜ 권오경 김아름
마케팅　 ｜ 김동현 김용호
교정교열 ｜ 전경서
제작지원 ｜ 김훈일 박자윤

인쇄　　 ｜ 미래프린팅

펴낸 곳　｜ 중앙북스(주) www.joongangbooks.co.kr
등록　　 ｜ 2007년 2월 13일 제2-4561호
주소　　 ｜ (121-904) 서울시 마포구 상암동 1651번지 상암DMCC빌딩 20층
구입문의 ｜ 1588-0950
내용문의 ｜ (02) 2031-1355
홈페이지 ｜ www.joongangbooks.co.kr
페이스북 ｜ www.facebook.com/hellojbooks

ⓒ 안준희, 2013

ISBN 978-89-278-0471-0 13320

값 14,000원